VESTÍGIOS

HISTÓRIAS DE VIDA E DE MORTE

PERÍCIA CRIMINAL

ANDERSON MORALES

VESTÍGIOS 1

HISTÓRIAS DE VIDA E DE MORTE

EDIÇÕES
BesouroBox

2ª edição / Porto Alegre-RS / 2025

Capa e projeto gráfico: Marco Cena
Produção editorial: Bruna Dali e Maitê Cena
Revisão: Cristiano Guterrres
Produção gráfica: André Luis Alt

Dados Internacionais de Catalogação na Publicação (CIP)

M828v   Morales, Anderson
          Vestígios 1 : histórias de vida e de morte. /
       Anderson Morales. – Porto Alegre: 2.ed. BesouroBox,
       2025.
          200 p. ; 14 x 21 cm

       ISBN: 978-65-88737-93-4

          1.   Literatura brasileira. 2. Perícia criminal. 3.
       Perito criminal - memórias. I. Título.

                                   CDU 821.134.3(81)-9
       Bibliotecária responsável Kátia Rosi Possobon CRB10/1782

Todos os direitos desta edição reservados a
Edições BesouroBox Ltda.
Rua Brito Peixoto, 224 - CEP: 91030-400
Passo D'Areia - Porto Alegre - RS
Fone: (51) 3337.5620
www.besourobox.com.br

Impresso no Brasil
Janeiro de 2025.

Uma dedicatória especial
ao Dante e à Luciana.

"Os bons escritores quase sempre
tocam a vida. Os medíocres apenas
passam rapidamente a mão sobre ela.
Os ruins a estupram e a deixam para as
moscas. Entende agora por que os livros
são odiados e temidos? Eles mostram
os poros no rosto da vida. Os que
vivem no conforto querem apenas rostos
com cara de lua de cera, sem poros
nem pelos, inexpressivos."

Bradbury, Ray. *Fahrenheit 451*

SUMÁRIO

PREFÁCIO

Começo a escrever este livro alguns meses antes de completar 15 anos trabalhando com perícia criminal. Confesso que meus sentimentos em relação a esta atividade oscilaram ao longo dos anos devido às diversas experiências, boas e ruins, que vivenciei durante este tempo. Foram algumas experiências singulares que, descobri recentemente, as pessoas têm curiosidade em conhecer.

Após criar um perfil de perícia criminal nas redes sociais, percebi que existem muitas ideias equivocadas sobre a atividade pericial no Brasil, assim como muitos mitos a serem desfeitos. Não só para saciar necessidades alheias, mas também para realizar um sonho antigo, resolvi compilar pequenas situações vividas neste livro em que conto histórias inusitadas durante minha atuação na perícia criminal. Porém, não quis me ater apenas a casos meramente narrativos: trago também, de alguma forma, conhecimentos que permeiam as atividades periciais. Não é um livro clássico de Medicina Legal como dos renomados autores Genival Veloso de França, Hygino de Carvalho Hércules, Reginaldo Franklin, Francisco Silveira

Benfica e Márcia Vaz, ou um livro de Criminalística como as obras de Domingos Tochetto, Luiz Eduardo Dorea ou Victor Quintella. Nem tenho a pretensão de chegar perto destes autores que são considerados referências dentro da perícia criminal. Basicamente, é um livro de histórias baseadas em fatos vividos nestes anos na atividade pericial associadas a algum conhecimento técnico. Por exemplo: casos de suicídio por enforcamento são extremamente comuns e poucos são aqueles que fogem do padrão; tanto que perdi a conta de quantos examinei, mas lembro que alguns trouxeram elementos diferentes. Ainda assim faço algumas considerações sobre as características do enforcamento e quais vestígios são importantes para chegar ao diagnóstico diferencial entre homicídio e acidente. Embora a maioria das histórias se remetam a casos já arquivados, para fins de sigilo, qualquer informação relacionada foi alterada ou suprimida, assim como datas e nomes foram alterados, de forma que não possam prejudicar qualquer pessoa envolvida.

O termo *Visum et Repertum*, nome que utilizei na primeira versão deste livro, é considerado um dos lemas dos peritos criminais. A tradução literal seria "ver e repetir". Porém, ver e repetir é função da testemunha. Uma tradução mais coerente com as competências dos peritos seria ver e interpretar. O perito vê os vestígios, analisa-os e, a partir deles, define a dinâmica do evento ocorrido e/ou sua autoria.

Neste livro, não me contento em apenas ver e repetir. Além de trazer ensinamentos relacionados à medicina legal e criminalística, mostrarei a realidade sem o glamour apresentado nas séries e filmes policiais.

PRÓLOGO

Muitas pessoas me perguntam, principalmente nas redes sociais, como foi minha decisão de trabalhar com perícia criminal e qual a trajetória que percorri. Por isso, resolvi iniciar este livro contando um pouco da minha vida antes de entrar na carreira pericial.

Sempre fui apaixonado por livros e filmes de suspense e investigação policial. A influência veio de casa: minha mãe tinha toda a coleção de obras da Agatha Christie[1]. Cresci ouvindo ela tecer comentários sobre um tal de Hercule Poirot que dizia ser necessário usar a massa cinzenta. Posteriormente vim a descobrir que a massa nem é tão cinzenta assim (na verdade, tem a aparência e a consistência de pudim de leite, algo que explorarei posteriormente). Desde criança tentei acompanhar este tipo de leitura, mas minha atenção estava mais voltada aos gibis do Homem-Aranha e os episódios do Jaspion na TV. Quando pequeno, não pensava muito

---

[1] Escritora britânica, famosa por romances policiais, ficou conhecida como "Rainha/ Dama do Crime".

em um dia trabalhar com perícia criminal ou algo do tipo, também por não ter muito conhecimento sobre essa carreira. Eu pensava que no futuro teria que lidar com temas como o Triângulo das Bermudas, tão explorado nos desenhos dos anos 1980-1990. Não se assuste, é apenas para mostrar que peritos criminais não precisam ser pessoas que pensam em sangue, morte e assassinatos vinte e quatro horas por dia, desde criança.

Mais tarde vim a descobrir a literatura de Arthur Conan Doyle através de sua mais famosa criação: Sherlock Holmes. Lembro que foi um baque. Eu decidi que precisava consumir tudo que já tinha sido publicado do mais famoso detetive consultor do mundo. A possibilidade de, através da análise de uma simples cinza de cigarro no chão ou de uma mancha de sujeira em uma calça, deduzir diversas outras situações me deixou realmente empolgado. Diferente de Poirot, creio que o personagem de Doyle nos dá mais evidências para podermos realmente descobrir o que aconteceu. De fato, fiquei mais fã do detetive inglês do que do belga.

Minha paixão por perícia criminal se iniciou, de fato, durante as aulas de Medicina Legal, na faculdade de Direito. Como eu fui parar nessa faculdade, não vem ao caso. Mas preciso confessar que na minha adolescência não fui um aluno brilhante. Estudava em um colégio forte, o Colégio Militar de Porto Alegre, e tirava as notas suficientes para passar de ano sem ficar em recuperação (ou em exame, como alguns falam). Nada me empolgava muito a ponto de me fazer ficar estudando durante horas a fio. Diferente de agora, que posso passar o dia inteiro lendo sobre criminalística, medicina legal, criminologia etc. Infelizmente, essas matérias não existiam no ensino médio. Talvez tenha sido um mero acaso eu ter parado em uma faculdade que pode proporcionar o contato que me faria decidir com o que eu gostaria de trabalhar o resto da vida. Embora essa vontade existisse, se mantinha adormecida: muito pelo fato de não conhecer sobre o assunto a ponto de não saber como transformá-lo em uma carreira. Entrei na faculdade com dezenove anos, o que, na minha opinião, é uma idade permeada de pouca maturidade para se definir que carreira vamos seguir.

As aulas de medicina legal eram espetaculares; porém, eu era o único aluno da turma que tinha essa opinião. Meus colegas fugiam dessa disciplina, postergando-a até o último momento. O professor, um médico legista aposentado, mostrava diversas fotos de necropsias, de locais de crime com estrangulamentos, homicídios por arma de fogo etc. Algumas pessoas passavam mal, mas não julgo; cada um com suas limitações. Na época em que eu cursei essa disciplina, ela era obrigatória. Mas isso mudou posteriormente, tornando-a eletiva, o que certamente fez muita gente feliz.

Incentivado pelas aulas, fui pesquisar sobre o assunto na biblioteca da faculdade e descobri o livro *Medicina Legal* de Genival Veloso de França. Que achado! Muitas pessoas fazem referência a algum clássico da literatura como sendo o livro que teria mudado suas vidas. Posso afirmar que o livro do França foi o que mudou a minha e me fez tomar um rumo que eu não tinha até então, pois já havia desistido de advogar e nem sabia por que motivo continuava naquela faculdade.

Aguardava ansiosamente por aquelas aulas, diferente dos outros alunos que se empolgavam com estágios em escritórios e a possibilidade de andarem engravatados.

Descobri que a turma que tinha aula com outro professor de medicina legal estava com uma visita agendada no necrotério do Instituto Médico Legal[2], algo que não aconteceria com a nossa. Através de um amigo que frequentava essa turma, consegui me infiltrar e acompanhar a visita. Era a primeira vez que faria algo do tipo. Qual seria minha primeira impressão? Como eu me comportaria? Estava ansioso para descobrir, pois até então, meu único contato com cadáveres fora em velórios.

Serei sincero e vou dizer que não lembro exatamente como foi a visita, já faz mais de 20 anos. Por algum tempo guardei essa nova experiência com detalhes, porém, com o passar dos anos e com a questão de lidar com esse tipo de trabalho cotidianamente, acabei por não dar mais tanta importância. Se não me engano, não era nenhum caso empolgante. Creio que se tratava de uma verificação de óbito[3] (VO). Mas teve algo que não esqueci: o cheiro. Quem já lidou com esse trabalho pode confirmar que é uma das coisas mais marcantes. Abordarei esta característica com maior riqueza de detalhes posteriormente.

Chegou a primeira prova da disciplina. Eram duas questões; ambas discursivas. Mal dava para chamar de prova: o

---

[2] No estado do Rio Grande do Sul, o órgão responsável pelas perícias criminais é o Instituto Geral de Perícias (IGP). O Departamento Médico-Legal, que faz parte do IGP, é onde estão lotados médicos-legistas, entre outros profissionais que são responsáveis por necropsias e diversos exames em pessoas vivas. Em outros estados, este setor se chama Instituto Médico-Legal. Como uma forma de facilitar a compreensão, utilizarei a nomenclatura mais comum no país para se referir a este departamento: Instituto Médico-Legal ou IML.

[3] Casos em que o indivíduo morre sem uma assistência médica, fora de um hospital, sem que tenha sido uma morte violenta e não tenha nenhum médico para dar o atestado de óbito podem ser encaminhados para os institutos médico-legais, onde os cadáveres serão necropsiados e receberão uma declaração de óbito. Algumas cidades contam com um serviço de verificação de óbito (SVO) para mortes não violentas sem assistência médica. Porém, ainda é muito frequente o encaminhamento de cadáveres sem vestígios de violência para serem necropsiados nos IML's, acarretando uma sobrecarga nestes órgãos.

professor mandou pegarmos uma folha em branco, anotarmos nosso nome e número da turma e ditou as questões. Eram apenas duas, ambas curtas que davam margem para escrever muito. Não lembro a primeira, mas a segunda era "O que é morte?". Era possível escrever uma tese filosófica com um tema tão amplo, mas preferi me ater aos efeitos relacionados à putrefação. Discorri longamente sobre os primeiros fenômenos abióticos imediatos: perda da consciência, perda da sensibilidade, perda de tônus muscular, cessação das atividades respiratória, circulatória e cerebral. Durante o estudo, para lembrar da ordem, associei à figura de uma pessoa caindo e batendo a cabeça: perde a consciência, não sente mais nada, amolece, para de respirar, para de sangrar e para de pensar. Posteriormente, vêm os fenômenos abióticos consecutivos como desidratação cadavérica, esfriamento, hipóstases e rigidez etc.

As respostas pipocavam em meu cérebro; nunca tive tanta facilidade para lembrar de uma matéria. Escrevi frente e verso da página, alucinadamente. Não lembrava de ter ficado tão empolgado em uma prova. Então, veio o resultado: tirei 8. Fiquei decepcionado; achava que minhas respostas estavam perfeitas, pois, comparando com o livro do França, parecia um resumo fiel. Depois vim a saber que foi a nota mais alta da turma e que o critério de correção do professor não era dos mais técnicos. Fiquei satisfeito, por ora, mas uma importante decisão havia sido tomada: eu queria trabalhar com isso.

Somado a tudo isso, veio o fenômeno *CSI*. O seriado, que passava tanto na TV a cabo como na TV aberta, veio para colocar a perícia criminal em destaque, para o bem e para o mal. Trazia um pouco mais de luz a esta carreira um tanto esquecida e relegada a uma atuação coadjuvante mas também mostrava uma realidade diferente da nossa e criava uma expectativa que não poderia ser atendida. Assistia aos episódios quando podia, pois na época não existiam serviços de *streaming* que me permitissem ver a qualquer momento. Como fazia uma extensa jornada de trabalho e faculdade, sobrava pouco tempo para outros afazeres. Posteriormente, em contato com um perito criminal americano, descobri que até para eles os padrões estabelecidos no seriado eram irreais.

Em 2003 descobri que o Instituto Geral de Perícias havia publicado edital de concurso público para provimento de vagas de diversos cargos. Eu ainda não havia concluído minha graduação e não poderia concorrer ao cargo de perito criminal, que exigia curso superior. Porém, o cargo de auxiliar de perícias, hoje renomeado para técnico em perícias, exigia ensino médio, o que me habilitava a concorrer à vaga.

Confesso que nem mesmo a vontade de trabalhar com perícia criminal me estimulou a estudar para o concurso. A cansativa jornada de trabalho de 8 horas diárias somadas às aulas noturnas da faculdade (que nada me empolgavam) me desestimulavam a usar as poucas horas livres no fim de semana para me preparar para o concurso. Analisando o edital, achei que o conhecimento que eu tinha provido pelo ensino médio seria suficiente. Surpreendentemente fiquei bem colocado a ponto de ser incluído na segunda chamada do concurso, em 2005. Diferente dos dias atuais, era um concurso não muito divulgado, o acesso à informação era diferente e não havia tanta concorrência. Digo que havia até um certo preconceito com as pessoas que trabalhavam neste cargo: certa vez, conheci uma mulher que disse ter nojo de mim por eu trabalhar com isso.

Após alguns trâmites envolvendo entrega de documentação e a realização do teste psicotécnico, iniciei a fase seguinte do concurso: o curso de formação. Guardo lembranças extremamente boas do curso e das amizades que fiz, que perduram até hoje. Mas não era uma tarefa fácil frequentar diariamente as aulas recebendo uma bolsa que não cobria nem deslocamento nem alimentação. Tive sorte de poder contar com auxílio de meus pais para poder sobreviver a esta dura fase.

O curso de formação se dividia em duas partes: a primeira, teórica, em sala de aula; a segunda, prática, sendo a maior parte do tempo no necrotério, na mesa de necropsia.

E então começaram as experiências que, de certa forma, me causavam apreensão. Eu nunca havia lidado com cadáveres antes, apenas havia visto dois parentes mortos em velório e aquela breve experiência de visita no Departamento Médico-Legal com a turma da faculdade. Muitas vezes criamos uma expectativa exagerada de uma experiência futura e desta vez não foi diferente. Fiquei com muita ansiedade antes da minha primeira necropsia, algo que foi totalmente desnecessário e não ajudou em nada.

Apesar da total inexperiência prática na tarefa, eu consegui agir dentro do esperado para alguém que nunca havia feito uma necropsia e não havia lidado com cadáveres antes. Era um caso simples, do ponto de vista necroscópico: um orifício de entrada de projétil de arma de fogo na orelha direita, sem orifício de saída e projétil alojado na cabeça. O trajeto[4] da direita para esquerda, de baixo para cima, levemente de trás para frente, típico de suicídio. Simples se comparado aos multibaleados ou putrefatos que já peguei. O histórico repassado era de que este indivíduo havia matado uma mulher a tiros em um ônibus e depois atirado contra a própria cabeça, em um ato de revolta contra um possível amor não

---

[4] Trajeto é o percurso que o projétil faz dentro do corpo humano. Chama-se trajetória o percurso que o projétil faz desde que deixa o cano da arma de fogo até antes de adentrar um corpo vivo ou morto.

correspondido. Nem sempre recebíamos as informações completas dos casos e, às vezes, nada sabíamos. Nossa função era nos atermos aos vestígios do cadáver: fazer a necropsia, coletar materiais, fechar o cadáver e lavar. Quem coordena a necropsia é o médico-legista; o auxiliar de perícias (técnico em perícias) faz a parte braçal de cortar, costurar, coletar materiais etc. A habilidade do técnico com o bisturi e com o manuseio das peças anatômicas é fundamental para chegar ao diagnóstico correto.

Estávamos em treinamento, por isso fazíamos uma carga horária de 12h diárias, com algumas folgas durante a semana. Foi nesse período que vi, pela primeira vez, um cadáver que fora atropelado por um trem. Ele havia sido dividido lateralmente, em um corte grosseiro que iniciava na virilha esquerda e se estendia até a região axilar esquerda. Não é caso raro em cidades que possuem linhas de trem funcionais. Há muitos acidentes deste tipo, mas também há muitos suicídios. O corte grosseiro foi devido às características cortocontundentes das rodas de trem: não possuem gume e atuam mais pelo peso.

Nessa época ocorreu uma das histórias que constam neste livro e que costumo contar em palestras para dar uma pequena noção da realidade. Sempre digo que uma aula sobre perícia em local de crime nunca vai trazer as verdadeiras sensações a que os peritos estão sujeitos. O professor/palestrante pode trazer vídeos e fotos com os mínimos detalhes, mas sempre vai faltar um fator crucial: o cheiro. E muitas vezes nem é o cheiro de corpo putrefato que incomoda, mas sim o cheiro do ser humano sem banho ou o cheiro de lixo acumulado nas residências. Sim, a vida é bem diferente do *CSI*. Aqui nos restam os casebres mal construídos e miseráveis onde ocorre grande parte dos homicídios. Esta comparação aparecerá em outros relatos, o que dá uma ideia do abismo entre a realidade e a ficção e o quanto há de sofrimento relacionado.

PARTE 1

TÉCNICO

Dedico esta primeira parte aos grandes amigos
que fiz durante o curso de formação e durante
o exercício do cargo de Técnico em Perícias.

O PRIMEIRO PUTREFATO

Durante o curso de formação de técnico em perícias, fazíamos uma carga horária de 12 horas: iniciávamos às 8h e ficávamos até as 20h. Naquele plantão, eu estava chateado porque era quinta-feira e eu perderia o meu jogo de futebol que ocorria semanalmente, às 20h. Foi quando ouvi a camionete da Remoção (seção responsável pelo recolhimento dos cadáveres nos locais de crime) chegando na garagem e um dos técnicos anunciando: chegou um "podrão". Alguns técnicos mais antigos que estavam nos instruindo fizeram uma careta: podrão é o apelido para corpo putrefato, aquele que emite os odores mais marcantes. Era um cadáver de uma pessoa que havia sido encontrada aproximadamente 10 dias depois da morte ter ocorrido. Possuía todos aqueles aspectos típicos de corpos putrefatos no ápice da fase gasosa (enfisematosa): cadáver com aspecto gigantesco, de coloração enegrecida, em posição de lutador, projeção dos olhos e da língua, abdome distendido e partes da pele se desgrudando.

Para fins didáticos, podemos dividir a putrefação em quatro fases ou períodos: coloração, enfisema, coliquação e esqueletização:

Fase de coloração: começa com a chamada mancha verde abdominal, que se forma primeiro na fossa ilíaca direita por causa da proximicade do ceco com a pele. O gás sulfídrico produzido pelas bactérias difunde-se pelos tecidos e se combina com a hemoglobina, formando a sulfoemoglobina ou sulfometemoglobina, que tem cor verde. Há quem define que a cor verde depende de prévia transformação da hemoglobina em biliverdina, que seria modificada pela ação do gás sulfídrico. Aparece em cerca de 18 a 24 horas após a morte, nos meses do nosso verão, e pode só aparecer depois de 36 a 48 horas em nosso inverno, desde que o corpo não fique sob ação direta do sol nem esteja agasalhado. Com o passar do tempo, a cor verde espalha-se por todo o abdômen, tórax, cabeça e membros.

Fase de enfisema: também chamada de período gasoso. Resulta do aumento progressivo e rápido da produção dos gases pela flora saprófita, agora já disseminada por todos os tecidos. O máximo da intensidade pode ser atingido antes de uma semana, sempre na dependência da temperatura e umidade do ambiente. A decomposição proteica é máxima durante esse período, com grande desprendimento de compostos nitrogenados de odor repulsivo.

Fase de coliquação: é aquela em que se dá a deliquescência geral dos tecidos, com o desaparecimento paulatino do enfisema e grandes perdas líquidas. Inicia-se cerca de três semanas após a morte. Sua duração é extremamente variável, conforme as condições ambientais.

Fase de esqueletização: é o resultado final do processo destrutivo do cadáver qualquer que seja o ambiente. Pelo que foi exposto anteriormente, pode-se concluir que o tempo necessário para a esqueletização é extremamente variável conforme as condições climáticas e do ambiente – ar livre, solo ou água[5].

Percebi que houve uma pequena hesitação tanto na equipe de instrutores como entre os alunos. Falei com meu instrutor, me propondo a realizar a necropsia caso eu pudesse sair logo que a terminasse, mesmo que fosse antes das 20h. Vi que era próximo das 18h; calculei que poderia fazer aquela necropsia e, se aceitassem minha proposta, sair a tempo de comparecer no jogo. Prontamente aceitaram, sem questionar. Coloquei todo o EPI[6] necessário (luvas de borracha, luvas de tecido, máscara cirúrgica, óculos e avental) e iniciei o exame. O que vem a seguir talvez seja um pouco sensível para algumas pessoas, por isso recomendo cautela na leitura.

Manipulei o cadáver de forma a poder iniciar os procedimentos. Empurra aqui, ajeita ali, puxa pra cá. Cada vez que o segurava, partes da pele se soltavam e ficavam grudadas nas minhas luvas. Em uma dessas movimentações, ocorreu o que chamamos de "morto que fala". Os gases da putrefação de dentro do cadáver movimentaram-se e alguns deles conseguiram sair pela boca. Talvez o ar, na saída, tenha batido nas cordas vocais, e produzido um som gutural que me fez gelar a espinha. O médico-legista nem se

---

[5] Hércules, Hygino de Carvalho. *Medicina Legal: texto e atlas* – 2ª ed. São Paulo: Ed Atheneu, 2014.
[6] Equipamento de Proteção Individual.

abalou, apenas pediu que eu iniciasse o exame. Pude ouvir alguns colegas próximos rindo da situação.

Iniciei a incisão linear na base do pescoço e fui seguindo a linha sagital mediana. O cheiro estava um pouco forte, mas dava para aguentar. Porém, quando passei a região torácica e comecei a abrir o abdome... Senhoras e senhores, faltam-me palavras para descrever o que senti. O abdome distendido é causado pelos gases da putrefação, logo, quando procedi a incisão naquela área, uma lufada de ar nauseabundo saiu do cadáver diretamente para minhas vias respiratórias. Parei por alguns segundos e comecei a questionar se aquela tinha sido a minha melhor decisão. Recompus-me e continuei firme com o bisturi contra a pele do cadáver até acabar a incisão próximo da região pubiana. Achei que a situação não poderia piorar; ledo engano. Com o abdome totalmente aberto, os gases agora estavam livres para preencher todo o espaço da sala de necropsia e livremente penetrar nas minhas narinas, bocas e se impregnar em qualquer superfície. Os colegas que acompanhavam o exame se retiraram, ficando apenas eu e o médico-legista. Novamente voltei a questionar minhas escolhas de vida; não só as mais recentes, mas todas que me fizeram chegar até ali. Eu já não conseguia mais respirar pelo nariz, pois o cheiro era terrivelmente forte. Comecei a respirar pela boca e as consequências disso eu entenderia somente depois. Segui firme no exame, porém, não tinha muito o que se ver. Os órgãos estavam todos aderidos, não havia nenhum material que pudesse ser coletado. Fomos para o exame da cabeça. Não sei se eu já estava anestesiado com o cheiro, mas a abertura craniana não foi tão traumática quanto a abdominal, mas eu continuava sem conseguir respirar pelo nariz. A título de esclarecimento, a máscara utilizada era uma do modelo cirúrgica, comum, que não tem nenhum tipo de filtro para evitar odores. A falta de material ideal é uma constante no serviço público.

Terminada a inspeção das cavidades craniana, torácica e abdominal, chegou a hora de costurar e fechar tudo. Alguns colegas mais habilidosos conseguem fazer essa tarefa de forma veloz, o que não era meu caso. Ainda mais com aquele odor me fazendo companhia.

Finalizada a tarefa, tirei meus equipamentos e percebi que faltavam pouco mais de 15 minutos para as 20 horas. Toda aquela árdua tarefa para ganhar menos de 20 minutos? Foi um preço elevado. Mas era o que eu tinha e tratei de sair o mais rápido possível. Cheguei na quadra do jogo às 20h em ponto, tempo suficiente para colocar uma bermuda e as chuteiras, ou seja, acabei decidindo por utilizar a mesma camiseta que vestia durante a necropsia. Resultado: foi o dia em que mais fiz gols na minha vida, pois ninguém queria me marcar devido ao odor de carne podre que estava não só na minha camiseta, mas também nos meus cabelos. Como eu estava anestesiado com o cheiro, não o sentia mais e, por isso, não entendia porque ninguém queria ficar perto de mim.

Dois dias depois eu ainda sentia o gosto do cadáver putrefato na saliva devido à minha opção por respirar pela boca ao não conseguir mais pelo nariz. Tentei de tudo para tirar o cheiro. Quando mordia um sanduíche, parecia que estava mordendo o próprio cadáver. Em uma tentativa desesperada, tentei fazer um bochecho com detergente líquido de lavar louças, o que obviamente não foi uma boa ideia, pois não só não removeu o gosto como me premiou com uma leve queimadura química.

Certa vez, alguém deu a dica do *Vick Vaporub*: passar um pouco do produto sob o nariz de modo a disfarçar o cheiro. Não acredite nisso; não funciona. No início, até ajuda um pouco, mas ele serve para facilitar a respiração, de modo que, em pouco tempo, você respirará melhor e consequentemente sentirá cheiro de forma mais eficiente. Ter as narinas descongestionadas durante uma necropsia de cadáver putrefato não é exatamente muito agradável.

(R)EMOÇÕES

Um dos setores que trabalha diretamente com o necrotério é o da Remoção, onde os técnicos são responsáveis por fazer a coleta dos cadáveres nos locais de crime/acidente/morte súbita e encaminhá-los para o IML onde serão necropsiados. Durante o meu treinamento, fiquei um dia acompanhando os colegas deste setor. Meu tutor foi um colega pelo qual eu tenho grande estima. Certamente, se ele escrevesse um livro, seria bem mais interessante que este, pois teria muito mais histórias e conhecimentos para compartilhar.

Começamos o treinamento de manhã, aguardando o chamado para fazer a coleta de algum cadáver. Diferente do trabalho dos peritos criminais, que podem atuar em locais onde não houve morte violenta (caso de coleta de material genético em local de crime, por exemplo), quando os técnicos da Remoção são acionados, é para lidarem com algum falecimento, seja relacionado a fato criminoso ou não. O que já é de conhecimento popular, considerando a quantidade de pessoas que já vi fazendo o sinal da cruz quando passávamos com o rabecão.

Eu sempre tive pretensão de me tornar escritor. Na época que comecei a trabalhar com perícia criminal, já tentava alinhar algumas palavras para extravasar meus sentimentos. Em um dos textos, falo um pouco sobre minha atuação nesse setor. O material a seguir foi escrito naquela época:

...

Sim, cada dia tem sido uma surpresa para mim. Fiquei assustado em como pude ser tão frio ao fazer a necropsia de uma criança de 7 anos e de um bebê de 3 meses. Acho que parar de me ver surpreendido com algumas situações não vai ser tão rápido como eu gostaria. Devo me sentir bem quando isto acontecer e tornar minhas emoções previsíveis? Não sei a que ponto vou chegar.

Foram poucas as vezes que me choquei com esse meu novo trabalho. Talvez o primeiro fato que me marcou realmente foi durante um atendimento de remoção, quando fomos buscar um corpo de um senhor que havia falecido na própria residência. A localização do endereço era difícil e precisamos pedir informações a transeuntes. Alguns faziam sinal da cruz e nem paravam quando solicitávamos. Alguns corajosos se aventuravam a chegar perto do rabecão. O colega mais experiente que eu acompanhava mostrou todo seu jogo de cintura ao lidar com populares. Com um pouco de dificuldade conseguimos chegar na casa. "Casa"... não sei como podia-se chamar aquilo de casa. Era um barraco com menos de 30 metros quadrados, dividido em três cômodos: sala, quarto e cozinha. Ali vivia um casal, mais três filhas e um senhor de idade, pai do chefe da família. Fomos buscar exatamente esse avô, que havia morrido enquanto dormia. A família, sem condições para pagar um médico que fornecesse o atestado de óbito, apenas comunicou a polícia, que nos acionou. Tivemos de subir um morro de camionete e depois caminhar uns cem metros, pois o veículo não conseguia chegar até a residência devido às péssimas condições do local. Fiquei chocado ao ver toda aquela família dentro de uma casa tão pobre. Engoli minha tristeza, pois tinha trabalho a fazer. O cadáver estava em uma cama no quarto. Não lembro de ter visto ninguém chorando, mas podia notar os semblantes pesados. Se não era tristeza, era alívio que sentiam, pois seria menos um dentro da casa a ocupar espaço e dividir alimentos.

Enrolamos o corpo no próprio lençol da cama em que estava e colocamos na bandeja de transporte. Era um relevo difícil de se locomover e frequentemente eu escorregava no barro umedecido. Em algumas partes, ficávamos à beira de uma encosta íngreme, o que colocava nosso equilíbrio em risco. Comecei a ouvir alguns estalos altos e próximos. Perguntei para o colega mais antigo o que era aquilo. Ele respondeu com a maior naturalidade: "é tiro".

Enquanto carregávamos o corpo, muitas pessoas passavam por nós, algumas carregando crianças, e perguntavam "quem é o defunto". O chefe da família logo respondia: "É o meu pai" e ali eu pude notar toda uma tristeza contida junto de uma vergonha ressentida. Em certo momento a neta respondeu que o falecido era seu avô, mas aquilo me soou tão normal. Era uma garota de uns 12 anos e talvez para ela fosse comum, naquele ambiente, ver um morto, coisa que muitas pessoas em locais mais propícios a um outro tipo de vida não veriam. Mas o que é normalidade para mim, não é para os outros, assim como para aquela garota deveria ser normal chover dentro de casa ou passar fome.

Seguimos nosso caminho até o rabecão. Colocamos o corpo para dentro, informamos os familiares do procedimento a ser feito a partir de então e seguimos nosso caminho até o IML. Chegamos no necrotério, largamos o corpo lá e partimos para outra coleta. Uma morte, para a família, era uma tragédia. Para nós, era mais um número.

...

Em uma certa segunda-feira, quando chegava perto da hora de terminar o meu plantão no necrotério, aconteceu outro fato que me marcou. Chegavam dois corpos, vitimados em um acidente em uma estrada. Era um casal de idosos, com cerca de 70 anos. Os dois iam em seu fusca para uma missa, como faziam todo início de semana. Devido às péssimas condições da estrada, bateram de frente em um caminhão. Os dois ficaram muito deformados, mas não foi isso o que mais me chocou, e sim a situação em que tudo ocorreu: a morte simultânea. Para uns, talvez seja felicidade. Há quanto tempo eles estavam juntos? Quantos anos de casado tinham? Há quanto tempo faziam esse trajeto? Quais as últimas palavras que direcionaram um ao outro? Talvez eles devessem viver mais, mesmo que fossem 10 minutos, e que suas mortes não deveriam ter sido de forma tão trágica como me pareceu que foi. Porém, cada dia mais vejo como temos pouco controle sobre nossas vidas.

...

Na mesma semana fui trabalhar em outra remoção de cadáver. Lembro que era um dia bonito com temperatura agradável, uma quarta-feira azul, como poderia se referir. Diziam que as quartas-feiras eram dias calmos, com pouco serviço, com poucos corpos para se buscar. Nunca percebi isso. De manhã houve um chamado de uma casa de detenção. Um detento havia morrido na cela, provavelmente por complicações devido a alguma doença. Era um rapaz novo, por volta de seus 30 anos. Ele estava em rigidez cadavérica completa, com braços e pernas dobrados e duros. Ele se encontrava em decúbito lateral direito e quando o movimentamos, ficou em uma posição que parecia que estava sentado. A cela em que se encontrava estava em situação precária de limpeza. Colocamos o corpo na bandeja e tivermos que movimentar os membros para que ele coubesse dentro do rabecão. Voltamos para o departamento e logo já tivemos que sair novamente, pois recebemos um chamado para recolher o corpo de uma mulher que estava às margens do rio Guaíba.

O histórico repassado é que ela havia se afogado. Fiquei um pouco receoso, pois dizem que pessoas que morrem afogadas ficam com uma aparência terrível depois de muito tempo na água. Fiquei mais tranquilizado quando soube que havia menos de 4 horas que essa mulher havia morrido. Chegamos ao local e o corpo já estava em terra firme, estendido no chão com uma peça de roupa cobrindo o rosto. Testemunhas que estavam no local relataram que a viram se afogando e tentaram socorrer, mas sem sucesso. Levantei a veste que estava no rosto e vi que era uma mulher jovem, talvez com um pouco mais de 30 anos. Estava pálida, sem cor de vida em seu rosto. Com toda aquela cena à minha frente, a única coisa que eu conseguia notar era que ela tinha as unhas bem feitas e pintadas de vermelho escuro. Ainda estava em dúvida se estava à frente de um suicídio, acidente ou homicídio. Um colega começou a verificar as roupas e ao levantar a blusa, vi algo que me ocasionou um redemoinho de sentimentos. O sutiã foi aberto, revelando que ela não tinha o seio esquerdo e usava uma meia calça embolada no local para dar volume. Acho o corpo feminino a forma mais linda que existe na natureza e ali, na minha frente, pude ver as mazelas proporcionadas por algo além da violência humana que eu estava esperando. O que foi constatado depois, na necropsia é que ela havia sido vítima de câncer de mama e, tendo poucos recursos, não pode fazer nada além de perder uma parte do corpo e tentar disfarçar com um pedaço de pano. O exame revelou também que o câncer havia voltado. Não sei se ela se matou por ter perdido uma parte do corpo ou também por saber que o câncer havia voltado. Talvez pelos dois motivos. Quase que pude sentir sua dor, sua vergonha, seus sentimentos. Tudo parecia estar ali, naquela meia embolada. Talvez sem ninguém para apoiá-la, decidiu livrar-se de uma forma trágica da dor.

Frente a tantas mortes e vidas desperdiçadas, tenho pensado muito na minha própria vida, mas não sei se isso vai fazer bem ou mal para mim.

NA CLÍNICA

No tempo em que fiquei lotado na recepção da clínica, tive que lidar mais com gente viva que morta e isso gerava uma série de situações que não eram muito agradáveis. É engraçado falar sobre isso, pois sempre que falo que trabalho com perícia criminal, invariavelmente alguém pergunta: "você não tem medo dos mortos?". A resposta é sempre a mesma: "não, eu tenho medo dos vivos". O prédio em que eu trabalhava não apresentava uma boa ambientação: luzes frias, limpeza precária, móveis velhos. Somado a isso, as pessoas que se dirigem ao IML geralmente passaram por alguma situação traumática: sofreram lesões corporais ou algum tipo de abuso.

Muitos motoristas que se envolvem em acidentes de trânsito são encaminhados para a clínica do IML para que sejam feitas coletas de sangue e/ou urina de forma a verificar se houve ou não consumo de bebida alcoólica. Alguns destes motoristas chegam em estado deplorável.

Segundo Franklin[7], embriaguez é uma alteração aguda temporária que tem repercussão no comportamento, na percepção sensorial, no curso do pensamento, na coordenação motora, no ritmo cardiorrespiratório e na memória. São esses os parâmetros clínicos observados que fundamentarão o exame médico-legal de um indivíduo em embriaguez, cujas alterações dependem da particularidade da pessoa, do tipo e da concentração da substância inebriante, e da habitualidade de consumo.

Duas pessoas diferentes podem apresentar a mesma quantidade de álcool no sangue e uma apresentar sinais de embriaguez e a outra não.

Para Benfica[8], o exame realizado pelo legista procura saber se o indivíduo era, ao tempo da ação ou da omissão, capaz de entender o caráter criminoso ou de se autodeterminar. Assim, a alcoolemia determina a presença de álcool no organismo, mas não informa como o indivíduo se comportava no momento da ação delituosa. Há indivíduos que, apresentando alcoolemia elevada, permanecem em condições psíquicas e neurológicas sem características de embriaguez, com comportamento adequado, devido a sua grande tolerância ao álcool. No entanto, outros, ao ingerirem pequenas quantidades e apresentarem uma taxa baixa de álcool no sangue, não deixam dúvidas quanto ao seu grau de embriaguez, por meio das manifestações psíquicas, neurológicas e do comportamento antissocial. Por isso, não se compreende o estabelecimento de determinadas

---

[7] Franklin, Reginaldo. *Medicina Forense aplicada* – 1ª ed. – Rio de Janeiro: Rubio, 2018.

[8] Benfica, F. S.; Vaz, M. *Medicina Legal*. 4ª ed. Porto Alegre: Livraria do Advogado Editora, 2019.

taxas de concentração de álcool no sangue para caracterizar de modo absoluto os limites de uma embriaguez.

A embriaguez é um diagnóstico clínico avaliado através de sinais que demonstrem uma alteração da capacidade psicomotora do indivíduo, que podem estar ou não estar presentes, dependendo da maior ou menor tolerância de cada pessoa ao álcool. A intolerância ao álcool depende de muitos fatores, tais como: idade, sexo, peso, nutrição, plenitude gástrica, estados patológicos, condições psicológicas e, principalmente, habitualidade.

Segundo França[9], as manifestações neurológicas estão ligadas a alterações clínicas do equilíbrio, da marcha e das perturbações da coordenação motora. As alterações do equilíbrio manifestam-se pelo sinal de Romberg simples e Romberg combinado.

O "Teste de Romberg" consiste no seguinte procedimento: "o paciente fica em pé, com os pés separados e os olhos fechados. Ocorre comumente um aumento das oscilações naqueles com disfunções do mecanismo cerebral ou vestibular que se traduz em um leve desequilíbrio".

No meu primeiro dia de treinamento na clínica fui acompanhar uma avaliação de embriaguez. Encaminhei o periciado para a sala de exames e lá aguardamos o legista. O odor de álcool que emanava do indivíduo a ser examinado era intenso. O legista chegou e iniciou os exames. Pediu que o indivíduo ficasse em pé, fechasse os olhos e afastasse os pés. Ele fechou os olhos e os afastou um pouco. O legista insistiu que ele afastasse mais, porém o periciado continuou afastando muito pouco.

---

[9] França, Genival Veloso de. *Medicina Legal*. 10ª edição. Rio de Janeiro: Guanabara Koogan, 2015.

– Afasta os pés, olha o que tu estás fazendo – bradou o legista.

– Como que eu vou olhar se tu mandou eu fechar os olhos? – respondeu o periciado.

Não consegui conter um pequeno risc que logo foi reprimido pelo olhar reprovador do legista; logo me obriguei a me recompor. Depois de insistir um pouco mais, o periciado finalmente afastou os pés e o legista pode terminar os exames. Antes do legista sair, ele me pediu: "faça a coleta de sangue". Olhei para ele e respondi: "eu não tive treinamento de coleta de sangue ainda, só sei coletar sangue de concha". Ao que o periciado bradou:

– Como assim, "de concha"?

Foi uma referência ao modo como coletamos sangue da cavidade torácica durante a necropsia, que vou detalhar mais adiante.

O periciado se tranquilizou um pouco depois que veio uma técnica em perícias mais antiga e me ensinou a fazer a coleta com *vacutainer*[10].

Depois de um tempo treinando em todos bêbados que apareciam, adquiri uma certa prática que era até elogiada por alguns periciados, mas não por todos. Algumas pessoas ficam mais sensíveis com o consumo de álcool. Um deles foi conduzido para exame em um dia que eu estava sozinho no plantão. Era um homem grande, com feições duras e andar firme. Não parecia estar alcoolizado. Sentou-se na cadeira,

---

[10] Um tubo de coleta de sangue a vácuo é um tubo de ensaio de vidro ou plástico estéril com uma rolha de borracha que possibilita uma vedação a vácuo dentro do tubo, facilitando a extração de um volume de líquido. Podem conter aditivos projetados para estabilizar e preservar a amostra antes do teste analítico. A cor do topo indica os aditivos no frasco.

amarrei seu braço, estiquei-o, inseri a agulha e em poucos segundos finalizei a coleta de sangue. Virei-me para fazer o descarte dos materiais e organizar a coleta sobre a bancada quando ouvi um certo resmungo. Percebi que o periciado começara a tremer. Mesmo sabendo que havia feito o exame da forma mais delicada possível, lhe perguntei:

– Eu te machuquei?

– Sim, muito – ele respondeu. E desandou a chorar copiosamente.

Toda aquela aparência de masculinidade forte desabou junto das lágrimas que rolavam por seu rosto.

Outro caso ocorreu durante um plantão em uma quinta-feira, quando poucos periciados haviam comparecido para fazerem exames. Era próximo das 17h quando ouvi passos pesados pela escada. Logo apareceu um jovem que tinha em torno de 25 anos, usando roupas largas e boné. Levantei da cadeira para alcançar o balcão, esperando que ele me entregasse algum ofício de requisição de exame. Mas, em vez disso, ele se abaixou e adaptou a boca na abertura do vidro para perguntar:

– Que horas abre isso aqui?

Por "isso aqui" entendi que ele queria dizer o IML. Respondi calmamente:

– Funciona 24 horas.

– Eu não perguntei quanto tempo funciona, perguntei que horas abre.

Fiz um pequeno esforço mental para não rolar os olhos para cima, respirei fundo e tentei explicar:

– O departamento funciona 24 horas por dia, isso quer dizer que não tem horário para encerrar as atividades, ou seja, não "fecha". Se não fecha, não abre.

Ele continuou me olhando e pude notar o esforço que fazia para tentar entender o que eu havia explicado. Resolvi facilitar para ele:

– Às 8 horas, abre às 8 horas da manhã.

– Por que não falou logo? – esbravejou ele e se retirou.

"Às vezes é melhor só lidar com cadáveres mesmo" pensei.

Cerca de 30 minutos depois ele retornou com um ofício que solicitava exames de lesões corporais. Recebi o ofício junto do documento de identidade e abri o sistema no computador para fazer o cadastro. Para isso, precisava de algumas informações:

– Onde o senhor nasceu?

– Como assim? No hospital.

Culpa minha, resumi demais a pergunta.

– Eu quis dizer em que cidade o senhor nasceu.

– Aqui mesmo.

– Aqui no IML? – devolvi na mesma moeda.

Ele me olhou confuso, ao que completei:

– Aqui, nesta cidade em que estamos, não é?

– Sim – respondeu ele aliviado.

Terminei o cadastro, devolvi o documento e pedi que ele aguardasse ser chamado pelo nome na sala ao lado. Fechei o sistema e pensei novamente: "saudades dos cadáveres".

O plantão seguinte guardava mais emoções. Na madrugada, policiais militares conduziam um preso para que fossem feitos exames de lesões corporais antes que o indivíduo fosse conduzido para o presídio. O periciado estava bastante machucado e os policiais alegavam que ele havia tentado fugir pulando da viatura em movimento. A clínica se situava no segundo andar do IML. A sala de exames e a sala de espera dos custodiados era voltada para os fundos do prédio, e as janelas eram protegidas por grades metálicas. A área dos servidores, atrás do balcão onde fazíamos a recepção dos documentos dos periciados, era voltada para a frente do prédio com janelas sem grades. Em um momento de distração dos policiais, o preso, mesmo algemado, conseguiu correr através do corredor e acessar a área dos servidores, alcançando a janela da frente, que não tinha grades, e dali se jogou. Era uma queda de aproximadamente cinco metros de altura. Mal ele caiu no chão, levantou-se e saiu correndo, jogando-se no arroio Ipiranga[11], desaparecendo rapidamente. Imediatamente, um dos policiais jogou-se da janela atrás do indivíduo, porém não teve a mesma sorte. Acabou fraturando a perna e teve de ser socorrido. Alguns policiais iniciaram a busca pelo fugitivo enquanto outros prestavam atendimento ao colega ferido.

Algumas horas depois, os policiais retornaram com o mesmo preso, que vestia, dessa vez, um saco de lixo preto, pois suas roupas haviam ficado molhadas e impregnadas com os dejetos que flutuavam no arroio. Desta vez, o custodiado não ficou um segundo sem supervisão.

---

11 Um córrego, também conhecido por arroio Dilúvio, entre as duas pistas da Avenida Ipiranga, famoso pelas precárias condições sanitárias.

NECDONALD'S

Durante o treinamento no necrotério presenciei diversas situações que colocavam à prova a minha decisão de seguir na carreira. Um dia, ao chegar na sala de necropsia, havia um cadáver sobre uma das mesas, como normalmente ocorria. Porém, havia algo diferente: ao lado dele, sobre a mesa, havia uma poça de líquido roxo com alguns pedaços de carne que eu não conseguia identificar que tipo era. Questionei um colega sobre aquilo, ao que ele respondeu:

– Ele estava em um bar, comendo churrasco, quando foi alvejado diversas vezes. Alguns dos projéteis atingiram o esôfago. Quando o cadáver foi manipulado em cima da mesa, o conteúdo do estômago vazou por ali.

A carne era coração de galinha parcialmente digerida e o líquido roxo tinha odor[12] de vinho. Era uma situação

---

[12] Já citei anteriormente que os odores em locais de crime podem ser um obstáculo para algumas pessoas. Indivíduos que consumiram grandes quantidades de álcool antes da morte exalam o cheiro desta substância em locais em que há muito extravasamento de sangue.

inusitada para mim, que estava em início de carreira, mas corriqueira para o local onde eu estava. Às 20h terminou o meu plantão e fui para casa dos meus pais. Quando cheguei, minha mãe anunciou que haviam pedido uma pizza. Ao sentar à mesa, descobri a cobertura: coração de galinha. Confesso que em um primeiro momento aquilo me repugnou um pouco, mas decidi que não deixaria estas pequenas coisas mudarem minha vida. Pelo menos, não tinha vinho para acompanhar.

...

Eu pensava que seria impossível conseguir comer na cozinha do necrotério, mas logo mudei de ideia. Entendo que muitas pessoas seriam incapazes disso, mas creio que elas também não iriam escolher este tipo de carreira. Embora a cozinha fosse no mesmo setor da sala de necropsia, não ficava em área adjacente. Era distante pelo menos uns 20 metros, o que evitava (mas não impedia completamente) que certos odores nos acompanhassem durante as refeições. O problema maior era a geladeira de cadáveres do necrotério. É muita benevolência chamar aquilo de geladeira. Para começar, elas esfriam. Naquela época, no início dos anos 2000, havia muitos problemas de eletricidade, o que fazia com que ela estragasse com frequência. Pense em um lugar com 50 corpos em putrefação sem nenhum resfriamento. Quando a geladeira era aberta, os colegas que estavam no último andar do prédio sentiam o cheiro. Imagine para quem tinha que entrar nela. Fazer a contagem e revisão de corpos era uma das tarefas mais escabrosas que já fiz, mas posso dizer que a cumpri dignamente, mesmo que não possuísse os EPI's adequados.

Geladeiras são um caso à parte na perícia. Não são poucas histórias de colegas que utilizaram a geladeira de armazenar materiais coletados de cadáveres para armazenar o próprio almoço. Isso era, na verdade, uma tática para garantir que nenhum colega roubasse sua comida.

...

Além de receber solicitações de necropsias de mortes violentas, também acontece de algumas vítimas de mortes acidentais ou naturais serem encaminhadas para o necrotério. Em uma destas ocasiões chegou o corpo de um indivíduo masculino, em torno dos 30 anos, magro, que havia morrido em um sítio de construção de um edifício. Era um dos trabalhadores no local e logo se suspeitou de acidente de trabalho. O relato que chegou até nós era que ele havia recomeçado a trabalhar logo após a pausa do almoço e teria sofrido um mal súbito, vindo a desmaiar para logo depois falecer. Em todo caso, a polícia foi acionada, pois não existia um serviço eficaz de verificação de óbito proporcionado pelo governo para casos sem violência como este.

Durante o exame, fizemos a coleta do estômago e do conteúdo, o que gerou certo espanto. Foram coletados aproximadamente três litros de conteúdo estomacal: basicamente arroz e feijão. Caso alguém não tenha noção, isso é muito conteúdo. Creio que, no caso daquele indivíduo, devia ser próximo da capacidade máxima. O restante do exame não apontou outra possível *causa mortis*: nenhuma fratura, nenhuma área necrosada no coração que pudesse indicar um infarto e o exame toxicológico posterior deu negativo. Geralmente os órgãos de perícia não contam com exames patológicos mais aprofundados que possam determinar que a causa da morte tenha sido alguma doença; o foco é as mortes violentas. No fim, a *causa mortis* resultou como "indeterminada sem vestígios de violência", mas creio que tenha sido um caso de congestão alimentar severa.

...

Depois de um tempo trabalhando no necrotério, a gente se acostuma tanto que não se deixa afetar por qualquer coisa. Eu entendi que isso seria uma possibilidade quando, durante meus primeiros dias de treinamento, entrei na sala de necropsia e um técnico retirava sangue da caixa torácica usando uma concha de cozinha enquanto tomava chimarrão[13]. As coletas de sangue para análise são realizadas normalmente no coração, através de seringa. Mas para a retirada de sangue extravasado dentro do corpo – que não será utilizado para exames laboratoriais – geralmente se utiliza uma concha, como aquelas de servir feijão. Cada "conchada" tem em torno de 200 mililitros, logo cinco destas dariam um litro. Desta forma é possível, em alguns casos, determinar quanto de sangue foi perdido para verificar se a morte pode ter ocorrido devido a choque hipovolêmico[14].

É interessante que algumas coisas podem ser facilmente relacionadas à comida, o que entendo que pode ser motivo para algumas pessoas terem mudado seus hábitos

---

[13] Bebida típica do Rio Grande do Sul, consumida quente em uma cuia com uma bomba metálica.

[14] A hemorragia externa, por ser visualizada, é facilmente reconhecida. A hemorragia interna pode desencadear choque hipovolêmico, que ocorre por diminuição do volume sanguíneo circulante.

alimentares depois de terem começado a trabalhar com perícia criminal. A "carne" humana próxima das costelas é bem vermelha e bem semelhante a uma costela bovina. O osso, quando serrado com uma serra circular elétrica, queima um pouco e solta um cheiro semelhante a churrasco de costela bovina. É o mesmo cheiro de quando o osso fica exposto ao fogo. O sangue coagulado em grande quantidade se assemelha a gelatina de groselha e o cérebro tem a cor e a consistência de pudim de leite.

Bom almoço.

...

Quando terminamos o treinamento fomos lotados em diversos postos do interior do estado. Tive sorte de ir junto de cinco colegas que fizeram o curso comigo para inaugurar o posto médico-legal de uma cidade próxima. Éramos uma turma excelente, em um ambiente recém inaugurado e havia um ótimo entrosamento entre os técnicos, os servidores da parte administrativa e os legistas. Era um posto que ficava no subsolo de um hospital, mas que tinha uma entrada independente na parte de trás do prédio. Havia um longo corredor que ligava a clínica – onde eram feitos exames de lesão corporal e também ficava a recepção – ao necrotério. Deste corredor também era possível acessar a área que ia para o refeitório, carinhosamente apelidado por nós de *NecDonald's*.

A FORMA HUMANA

Depois de um tempo no necrotério, acabei optando por trabalhar na parte clínica e administrativa: uma das funções era digitar laudos, o que me proporcionou adquirir um bom conhecimento teórico de medicina legal. Mas, sempre que precisava, eu ainda fazia necropsias, principalmente durante o período de férias de alguns colegas.

Grande parte dos cadáveres que chegavam no necrotério apresentavam boa compleição, ou seja, inteiros. Não só casos de decapitação e esquartejamento podem afetar a compleição de um cadáver, como descobri neste dia. Era uma terça-feira e eu estava chegando para fazer meu plantão. O colega que estava saindo avisou que haviam dois cadáveres na geladeira. Não demorou muito para que viesse um funcionário de uma funerária para buscar um dos corpos. Conduzi-o até o necrotério para verificar qual dos corpos era para ser retirado. Abri a primeira gaveta e não havia nada. Quando abri a segunda gaveta, demorei alguns segundos para entender o que estava ali. Segundo o histórico que acessei posteriormente, tratava-se de um cadáver humano, mas era impossível assim o identificar. O que havia sobre a bandeja era carne misturada com roupas, cabelo e outras matérias não identificadas. Sobre tudo isso, havia um pedaço de coluna vertebral. Fechei e voltei-me ao funcionário da funerária para saber o que tinha acontecido com o cadáver que ele vinha buscar. Ele falou que era um caso de morte natural em casa, logo presumi que não se tratava daquele. Abri a terceira gaveta e lá estava um corpo em melhor estado, cujos dados eram aqueles da ficha da funerária.

Depois de liberado o corpo, voltei para a secretaria do posto e fui pesquisar o que havia acontecido com aquele outro que estava na segunda gaveta. Tratava-se de um indivíduo que havia sido baleado e deixado em uma rodovia com trânsito intenso de caminhões. Por algum tempo achei que para chegar naquele estado seria necessário que vários caminhões atropelassem o cadáver, mas depois de estudar um pouco e ver alguns vídeos na internet, entendi que aquilo pode ser o resultado de atropelamento de apenas um caminhão com diversos eixos e bem carregado.

Outros casos em que a forma humana pode ficar irreconhecível são quando os corpos são expostos a altas temperaturas, ocorrendo o fenômeno da carbonização:

> Nos totalmente carbonizados ocorrem sinais peculiares, como grande redução de peso e de volume, um adulto chegando à estatura de aproximadamente 120 centímetros. O cadáver adquire a posição de pugilista, em virtude da retração dos tecidos que levam os braços e as pernas a fletir-se, enquanto as mãos se fecham adiante

do tórax. A atitude de boxeador que o totalmente carbonizado assume também é devida ao opistótono e à hiperextensão da cabeça sobre o pescoço, pela retração dos músculos da nuca, da goteira vertebral e da região lombar; a boca fica entreaberta deixando os dentes à mostra. A pele sofre desgarros ao nível das pregas articulares, e os ossos, rupturas ao nível do terço superior do úmero e do terço inferior do fêmur, dando a impressão de que os membros foram espontaneamente amputados. O crânio literalmente estala em múltiplas fraturas, por onde exterioriza-se massa encefálica herniada, com produção de extensas fendas no couro cabeludo. As cavidades abdominal e torácica e o períneo, algumas vezes, fendem-se na linha mediana, pela expansão violenta dos gases que se formam sob a ação do calor no interior do corpo. A pele protegida pelas vestes pode não ser afetada; a que não permanece íntegra é negra e seca. Os dentes podem fender-se e, algumas vezes, calcinam. Os cristalinos opacificam-se a modo de cataratas. As glândulas suprarrenais hipertrofiam-se e apresentam áreas de infarto hemorrágico. O fígado necrosa. O cérebro mostra-se congesto, e as serosas e as mucosas, equimosadas[15].

---

[15] Croce, Delton. *Manual de Medicina Legal*. 8. ed. São Paulo: Saraiva, 2012.

NAVALHA E COLHER

Era um sábado de tarde, um dia quente de primavera e o plantão estava calmo. Eu estava na recepção do posto, o técnico do necrotério estava no alojamento e outro técnico, que não estava de plantão, apareceu no posto para assinar um documento. Perto do meio-dia, o legista saiu para almoçar. Quinze minutos depois entrou um rapaz que tinha por volta de 20 anos, muito embriagado, com um grande curativo no rosto, que cobria boa parte da lateral esquerda.

Ele veio para fazer exame de lesões corporais e imediatamente liguei para o legista que respondeu que estava terminando de almoçar e já retornaria para o posto. Informei ao cidadão que em breve ele seria atendido e pedi que aguardasse sentado nas cadeiras que estavam à disposição na recepção do posto. Pessoas embriagadas podem ser imprevisíveis; podem estar em estado narcoléptico assim como podem tornar-se agressivas. Cinco minutos depois ele se levantou e voltou a falar comigo, perguntando se ia demorar muito. Eu informei que o legista já ia lhe atender e pedi que aguardasse mais um pouco. Ele retornou para o assento contrariado e começou a discursar, dizendo que "já estava ali há quase uma hora, que era um absurdo esse serviço prestado etc".

Um dos técnicos ouviu as queixas e resolveu tentar acalmar a situação, conversando com o cidadão. Inicialmente, o técnico sentou ao lado dele, mas o bafo de bebida alcoólica era tão grande que ele teve que pular dois assentos para poder continuar conversando. Logo, o cidadão começou a contar a história do que lhe havia acontecido. Disse que sua irmã havia lhe passado uma navalha no rosto durante uma discussão. O técnico comentou:

– O pessoal da tua casa não gosta muito de ti.

– Eles até gostam. Se não gostassem, já tinham me matado mesmo.

Logo depois, o legista chegou e o indivíduo foi examinado e liberado.

Posteriormente veio uma mulher para fazer exame de lesões corporais e tentativa de estupro. Reconheci o sobrenome e vi que ela era irmã do periciado com a lesão no rosto. O que aconteceu era que ele havia tentado estuprar a irmã, e ela, para se vingar, cortou-lhe o rosto com uma navalha.

Em outra ocasião, um homem em torno de 50 anos veio no posto fazer exame de lesão corporal. Não precisava um diploma em medicina para saber que ele havia apanhado muito. Equimose palpebral à esquerda e escoriações ungueais nas bochechas e nos braços eram algumas das lesões possíveis de visualizar. O exame médico revelou diversas outras escoriações no corpo.

Ao sair, ele parou na minha frente e perguntou:

– Já apanhou de mulher?

– Não. – respondi.

– Eu sim.

Virou-se e foi embora.

A ÚLTIMA NECROPSIA

Durante o tempo que estava trabalhando com técnico aguardava que o edital para concurso de perito criminal fosse lançado. Porém, isso não parecia acontecer em breve. Acabei por me aventurar em outros concursos que pagavam melhor, embora gostasse do trabalho na perícia criminal. O salário na época não era dos melhores e precisava melhorar minha situação financeira. Fui chamado para assumir outro cargo público depois da aprovação em concurso correspondente e pedi exoneração de meu cargo de técnico em perícias. Entretanto, precisava ainda cumprir um último plantão.

O dia havia passado tranquilamente, sem nenhum cadáver a ser examinado e já estava começando a achar que no meu último dia de trabalho não teria nenhuma necropsia para fazer. Porém, tudo mudou às 20h, quando o rabecão da remoção chegou trazendo um cadáver. Segundo informações repassadas, era um morador de rua que havia sido encontrado morto em uma calçada no centro da cidade, sem suspeita de violência, mas sem assistência médica. Por isso, teve que ser encaminhado para o IML para que recebesse uma declaração de óbito.

Aparentemente, seria uma necropsia tranquila, pois era um cadáver pequeno e magro, diferente de fazer exame em corpos obesos, que dão muito mais trabalho, principalmente para manipular, tirar da mesa, colocar na maca, virar e fechar a sutura.

O exame correu de forma tranquila; o legista constatou que não havia nenhum indício de violência e a morte fora causada possivelmente por pneumonia. Para finalizar o trabalho, faltava eu coletar sangue para exames posteriores. Inseri a agulha da seringa na veia cava superior e puxei o êmbolo. Porém, a seringa escorregou na minha mão e a agulha saiu da veia, acertando a base do meu polegar esquerdo. Eu vestia uma luva de tecido sobre uma luva de borracha, o que pode ajudar a evitar essas lesões punctórias. Tirei rapidamente as luvas e vi que havia uma pequena marca sanguinolenta na pele onde a agulha havia atingido. Lavei a lesão com água e sabão e imaginei que não deveria ser nada grave, pois a agulha poderia ter se "limpado" ao passar pelas luvas. Mesmo assim, o legista considerou mais prudente que fossemos ao hospital fazer todos os procedimentos de profilaxia.

Assim o fizemos e lá recebi todas orientações e instruções a serem tomadas pelo tempo necessário até terme certificado de que não havia ocorrido contaminação. O procedimento contava também com uso, durante certo período, de medicações antivirais. Hoje são medicamentos mais evoluídos, mas na época que tomei, causavam alguns efeitos colaterais.

Depois de medicado, voltamos para o posto para terminarmos o plantão e resolvi ler o material disponibilizado pelo hospital com as orientações. Dentre estas, havia uma lista dos 52 efeitos colaterais que a medicação poderia produzir. Como sou muito sugestionável, naquela noite de plantão senti 51 dos efeitos citados.

E foi dessa forma que encerrei minha carreira como técnico em perícias. Porém, tenho grande orgulho de assim ter iniciado na perícia criminal. Faço questão sempre de frisar, no meu currículo, esse cargo que assumi. Foi uma época de grande aprendizado em que fiz excelentes amizades e conheci pessoas que muito me ensinaram (e ainda me ensinam).

PARTE

INTERSTÍCIO

VIDA NOVA

Eu havia pedido exoneração do cargo técnico em perícias criminais, pois havia passado em outro concurso que tinha uma remuneração melhor e carga horária menor. Porém, ainda tinha desejo de continuar trabalhando com perícia criminal. Decidi assumir este novo cargo puramente por questões financeiras, mas sempre almejando voltar à segurança pública como perito criminal. Enquanto não era lançado o concurso que eu desejava, decidi optar pelo emprego que me desse uma melhor remuneração (entre outras vantagens não pecuniárias).

Minha saída do IGP se deu em 2007 e, durante um tempo, não me aproximei dos estudos criminalísticos. Tudo mudou quando foi publicado o edital do concurso do IGP em 2008. Eu já havia me formado na faculdade de Direito e esta era uma das graduações aceitas no edital. Diferente do que ocorreu no concurso para técnico em perícias, desta vez, resolvi me dedicar inteiramente aos estudos. Terminava minha jornada de trabalho às 16h15 e imediatamente ia para casa para começar a minha maratona de leituras.

Resolvi escrever esta parte, pois muitas pessoas me perguntam como foi minha rotina de estudos e qual o segredo para aprovação no concurso. Em resumo, não há nenhum segredo, além de estudar muito. Naquela época, não encontrei nenhum curso preparatório, então resolvi estudar por conta própria. A primeira coisa que fiz foi ler o edital e ver o que iria ser cobrado. Também havia a bibliografia recomendada, para a qual precisei juntar dinheiro para adquirir, pois os livros de medicina legal têm valores elevados. Era possível encontrar algumas apostilas que diziam trazer todo o conteúdo do concurso. Consegui adquirir uma apenas para me decepcionar: muitos textos que ali constavam eram retirados da internet, de sites como wikipedia e afins. Logo, havia muitos erros.

Dentre as matérias cobradas, existiam aquelas sobre as quais aprendemos no ensino médio: biologia, química e física. Para essas precisei recorrer a alguns livros escolares que adquiri em sebos. Livros de criminalística e medicina legal eu adquiri aqueles recomendados no próprio edital. Quanto outras matérias, português, inglês e informática, decidi que o conhecimento que eu tinha seria suficiente e me concentrei naquelas já citadas.

Estudar medicina legal e criminalística era prazeroso, as horas passavam enquanto eu lia os livros e, quando percebia, já era meia-noite e eu precisava dormir para encarar a jornada de trabalho do próximo dia. Física também foi tranquilo, pois era uma matéria que eu gostava no colégio e tive bons professores. Biologia não era muito agradável, mas ainda conseguia me concentrar durante as leituras. Meu problema maior era química. Minhas aulas no colégio foram muito ruins. Aula no laboratório tivemos menos que uma dúzia de vezes, então só estudamos a parte teórica, o que me trazia dificuldades para compreensão. Os professores que tive não eram muito entusiasmados e tinham didáticas terríveis. Apenas as aulas de um professor do ensino médio foram melhores, mas não foi suficiente para me fazer entender a matéria.

Durante os estudos para o concurso, abdiquei de compromissos pessoais e de diversão por três meses: desde a data da publicação do edital até a prova. Era um preço baixo a ser pago para ter o emprego que eu sonhava. Estudava todo tempo livre que dispunha, mas sempre cuidava para não exagerar, alternando momentos de descanso e lazer de forma que eu não me esgotasse. Mesmo que nunca tenha sido um grande consumidor de bebidas alcoólicas, durante os estudos não consumi nada. Eu dizia que precisava de todos meus neurônios funcionando no momento.

No fim, tudo isso deu resultado positivo.

CONCURSO

Chegou o dia do concurso e lembro de não ter ficado muito nervoso. Além das questões objetivas, havia também a parte de redação. Apesar de ter sido definido no edital, acabei não estudando para isso. Lembro-me de ter ficado satisfeito com as questões, criando esperança de que pudesse ter conseguido uma boa pontuação. Quando saiu o gabarito, vi que minha pontuação na prova objetiva havia sido alta. Não vou lembrar exatamente quantas questões acertei, mas lembro de ter gabaritado português, inglês, criminalística e física. Comecei a criar esperanças de que pudesse ser aprovado, mas ainda faltava a nota da redação.

Então veio um baque, minha nota na redação havido sido baixa, o que me deixava na 40ª posição. Eram 24 vagas iniciais, o que me deixaria de fora da primeira chamada. Talvez pudesse ser chamado posteriormente quando abrissem mais vagas, mas não havia garantia nenhuma de que houvesse novos chamamentos. Eu preferi não arriscar. Conversei com um professor de português para verificar se havia algo que eu pudesse fazer para pedir uma nova correção pela banca. Segundo ele, minha redação não continha erros de português nem de concordância e apresentava boa coesão. Suspeitava ele que minha letra ruim pudesse ter prejudicado minha nota. Não imaginava que isso fosse avaliado. Entrei com recurso e uma nova correção foi feita. Com a nova nota, pulei para a 20ª colocação e estava dentro das vagas iniciais, o que me fez ser convocado para as fases posteriores.

Precisava passar ainda pelo exame psicotécnico que era composto de duas partes: um exame em que era necessário responder questões objetivas, quase nos mesmos moldes da prova da primeira fase do concurso e, posteriormente, uma entrevista com psicóloga. Depois desta fase, o candidato é considerado apto ou não para assumir o cargo. Diferente de outros estados, não havia teste de aptidão física.

A próxima fase do concurso era o curso de formação. Eram aulas que, além do intuito de treinar o candidato de forma que esteja preparado para começar a trabalhar, também servem para avaliar outros critérios de comprometimento. Havia critérios relacionados a frequência e também provas para testar o aprendizado. Se o candidato reprovasse por faltas ou notas abaixo da média, seria eliminado do concurso. Esta fase era um pouco cansativa, considerando a quantidade de aulas no dia e as provas. Porém, a questão de ter sido aprovado no concurso e estar bem próximo de trabalhar com perícia criminal, o sonho de muitos dos candidatos que ali estavam, sobrepunha qualquer dificuldade.

Alguns professores optavam por apresentar, nas aulas, os casos mais escabrosos, justamente para nos preparar para o que iríamos encarar mais adiante e também para selecionar aqueles que conseguiriam lidar com locais de morte.

Depois de terminada mais esta fase, era chegada a hora de assumir o cargo.

UM NOVO COMEÇO

A turma dos novos servidores se apresentou em seus respectivos locais de trabalho. Eu e diversos colegas nos apresentamos no Departamento de Criminalística, onde fomos recepcionados pela Diretora da épcca. Fomos conduzidos a uma sala de palestras onde seria definido o destino de cada novo servidor: em qual seção do Departamento cada um seria lotado. A maior parte das pessoas acha que perícia criminal trabalha somente com local de morte. Na realidade, existem diversos outros tipos de exames dentro do universo da criminalística: balística, documentoscopia, perícia ambiental, engenharia etc. Meu desejo, desde sempre, foi ir para local de crime, o que finalmente foi realizado quando ouvi meu nome ser designado para uma das equipes do chamado "plantão": setor responsável pelo pronto atendimento de locais de crime; na maioria das vezes, exames em lugares em que ocorreu uma suspeita de homicídio.

Não seria correto a utilização do termo local de homicídio antes de ser feita a perícia. Tecnicamente falando, o que ocorre é uma morte não esclarecida até então, com suspeitas de ter sido causada por violência. Somente poder-se-á definir que se trata de um local de crime após realizada a perícia. Podemos ser acionados para examinar um local em que há suspeita de ter ocorrido uma morte violenta, mas que, após ser periciado, chega-se à conclusão que se tratava de uma morte natural ou causada por doença, que não gerará uma investigação policial. Também somos chamados para examinar locais de suspeita de suicídio, justamente por tratar-se também de morte violenta. Nestes casos, é preciso analisar o fato para verificar se a morte realmente foi causada pela própria vítima e sem auxílio de outrem.

A rotina do plantão se resumia da seguinte forma: durante vinte e quatro horas, ficávamos no departamento aguardando sermos chamados para examinar algum local em que houvesse a suspeita de ter ocorrido um crime. Durante esta espera, cada um poderia utilizar o tempo como quisesse.

Na época em que comecei a trabalhar como perito, os laudos de local de crime eram assinados por dois peritos, apesar de já ter ocorrido a alteração do artigo 159 do Código de Processo Penal.

> Redação atual dada pela Lei nº 11.690, de 2008: O exame de corpo de delito e outras perícias serão realizados por perito oficial, portador de diploma de curso superior.
>
> A redação anterior determinava: Os exames de corpo de delito e as outras perícias serão feitos por dois peritos oficiais.

Devido a uma histórica precariedade do quadro dos servidores, era muito difícil que dois peritos criminais fossem examinar um local de crime. Para poder atender a determinação legal e lidar com a falta de pessoal, foi determinado que um perito fazia o exame do local e outro perito revisava o laudo, criando-se a figura de perito criminal relator e perito criminal revisor.

Desta forma, eu ocupava grande parte do meu tempo revisando laudos, o que ajudava muito na aprendizagem. Porém, muitas vezes, minhas leituras eram interrompidas, pois éramos chamados para examinar algum local.

Trabalhar com perícia de local de crime é ter consciência que não haverá rotina. Nenhum servidor do plantão chega no departamento se programando para examinar dois locais de homicídios e um de suicídio. Nunca se sabe o que vai acontecer no dia, o que pode gerar muita ansiedade.

ROTINA PERICIAL

Quando ocorre um crime (ou um fato que gere uma suspeita que tenha ocorrido um crime), há uma série de fases que são percorridas até a perícia criminal ser acionada, o que pode gerar uma janela temporal alongada.

Normalmente, os primeiros agentes da segurança pública a serem acionados em qualquer delito são os policiais militares. Nos casos de suspeita de morte violenta não é diferente, e eles, posteriormente, acionam os agentes da polícia civil. O acionamento da perícia em casos de suspeita de homicídio, na grande maioria dos casos, se dá por meio de solicitação do delegado de polícia civil.

CPP Art. 6o Logo que tiver conhecimento da prática da infração penal, a autoridade policial deverá:

I – dirigir-se ao local, providenciando para que não se alterem o estado e conservação das coisas, até a chegada dos peritos criminais;

II – apreender os objetos que tiverem relação com o fato, após liberados pelos peritos criminais;

III – colher todas as provas que servirem para o esclarecimento do fato e suas circunstâncias;

IV – ouvir o ofendido;

V – ouvir o indiciado, com observância, no que for aplicável, do disposto no Capítulo III do Título Vll, deste Livro, devendo o respectivo termo ser assinado por duas testemunhas que lhe tenham ouvido a leitura;

VI – proceder a reconhecimento de pessoas e coisas e a acareações;

VII – determinar, se for caso, que se proceda a exame de corpo de delito e a quaisquer outras perícias;

VIII – ordenar a identificação do indiciado pelo processo datiloscópico, se possível, e fazer juntar aos autos sua folha de antecedentes;

IX – averiguar a vida pregressa do indiciado, sob o ponto de vista individual, familiar e social, sua condição econômica, sua atitude e estado de ânimo antes e depois do crime e durante ele, e quaisquer outros elementos que contribuírem para a apreciação do seu temperamento e caráter.

X – colher informações sobre a existência de filhos, respectivas idades e se possuem alguma deficiência e o nome e o contato de eventual responsável pelos cuidados dos filhos, indicado pela pessoa presa.

Entre o fato que gerou um crime e a chegada dos peritos, muitas horas podem se passar, o que é prejudicial para os exames. Simultaneamente, a precariedade no isolamento dos locais pode fazer com que se percam muitos vestígios importantes para a determinação da dinâmica do evento e identificação do autor do fato. Quanto mais tempo se passa, mais vestígios se perdem. Também é pertinente apontar que grande parte dos homicídios ocorre em locais abertos, em vias públicas e expostos à intempérie, sendo mais um fator prejudicial para a conservação dos vestígios.

As informações repassadas pelos agentes que estão no local podem vir incompletas ou equivocadas. Pode ser solicitada perícia em um local de suspeita de homicídio e, depois dos exames, chegar-se à conclusão que se trata de um suicídio. Por isso o perito deve estar sempre preparado para lidar com diversas situações. A equipe pericial ideal que analisa o local deve ser composta de um perito criminal, um papiloscopista, um fotógrafo criminalístico e um técnico em perícias. Porém, não é em todos os locais do Brasil que se pode contar com tantos servidores para atender uma única ocorrência. Ainda que o quadro de servidores da perícia em todos estados geralmente seja deficiente, em alguns locais a situação é tão precária que ocorrem absurdos de peritos criminais atenderem ocorrências de morte violenta sozinhos, fazendo todo o trabalho de uma equipe completa. Infelizmente, a tendência é que o quadro dos servidores dos órgãos periciais no Brasil seja cada vez mais esvaziado, considerando que as últimas mudanças na legislação tendem a enfraquecer a perícia criminal.

A seguir, relatarei alguns casos inspirados nas experiências que tive nestes anos atuando como perito criminal.

OS PRIMEIROS LOCAIS

Depois de realizado o curso de formação, é iniciado o treinamento in loco, quando vamos para a cena de crime, acompanhando peritos mais experientes para continuarmos nosso treinamento.

Os dois primeiros casos que atendi foram suicídios por enforcamento, acontecimentos extremamente comuns que começaram a despertar minha curiosidade sobre este assunto nos anos subsequentes e que viriam a ensejar diversos estudos e pesquisas.

O primeiro caso tratava-se de um local desfeito, onde houve tentativa de socorro à vítima. Familiares teriam cortado a corda, mas nada mais puderam fazer para salvar a vítima que já estava em óbito. Logo contataram a polícia que, por consequência, nos acionou.

Quando chegamos, o corpo estava na garagem de uma residência humilde, deitado em decúbito dorsal, com um fragmento de corda sobre a barriga e ao lado de um banco de madeira. Acima do corpo, pendurado em um caibro do telhado, outro fragmento de corda semelhante àquele que estava sobre o corpo. No pescoço do cadáver havia um sulco clássico de enforcamento, como descrito por França:

- Oblíquo ascendente
- Interrompido ao nível do nó
- Único
- Por cima da cartilagem tireóidea
- Apergaminhado
- De profundidade desigual

O sulco no pescoço apresentava, além de marcas no leito semelhantes à trama da corda (sinal de Bonnet), dimensões compatíveis com este objeto.

Sobre o banco de madeira, marcas de sujidades semelhantes àquelas presentes nas solas do sapato do cadáver. Apesar de o local ter sido alterado, todos vestígios apontavam para um suicídio por enforcamento.

A língua do cadáver estava protusa e arroxeada, comum no enforcado típico, o que indicava que a alteração de sua posição havia sido feita após o início da rigidez cadavérica.

O enforcado típico é aquele em que o nó se encontra na face posterior do pescoço de modo que comprime para trás e para cima o osso hioide, às vezes, fraturando-o, levando a base da língua de encontro à parede posterior da hipofaringe, impedindo a passagem do ar para as vias respiratórias inferiores. O nó fixo ou corrediço também pode estar colocado anteriormente ou lateralmente, caracterizando o enforcamento atípico[16].

[16] Franklin, Reginaldo. *Medicina Forense Aplicada*. 1. ed. Rio de Janeiro: Rubio, 2018.

Segundo a lei de Nysten-Sommer, o *rigor mortis* instala-se em torno da primeira hora, de cima para baixo, começando pela mandíbula e seguindo pela nuca, tronco, membros superiores e inferiores[17]. Embora ocorra certa divergência[18] entre os autores da literatura médico-legal, a única certeza é que a rigidez é um fenômeno muito incerto. Esta incerteza decorre da influência de inúmeros fatores que podem alterar o tempo de instalação e cessação da rigidez e até mesmo desobedecer a ordem estabelecida na lei de Nysten-Sommer.

Ao examinar as vestes do cadáver, foi descoberto mais um vestígio importante. Na cintura da calça estava presa uma fotografia de uma mulher com uma criança no colo. Registramos a fotografia e estava preparando-a para acondicioná-la em um saco de papel para encaminhar para exames papiloscópicos quando um homem que se dizia irmão da vítima se aproximou. Aproveitei para perguntar quem eram aqueles da fotografia.

– Era a mulher e o filho do meu irmão. Eles brigavam muito e ele batia nela. Foram várias agressões até que ela não aguentou mais e o deixou. Levou o filho junto e não deixou ele vê-lo mais.

– Faz muito tempo que ela foi embora? – perguntei.

– Uma semana.

---

[17] Benfica, F. S.; Vaz, M. *Medicina Legal*. 4. ed. Porto Alegre: Livraria do Advogado Editora, 2019, p. 190.

[18] Segundo Reginaldo Franklin, logo na primeira hora, o músculo cardíaco é o primeiro a experimentar o fenômeno. Seguem-se o diafragma e os músculos intercostais (1 a 2h), músculos periorbitais, músculos da nuca e da mímica facial (2 a 3h), músculos cervicais, torácicos e dos membros (3 a 4h), e os demais entre 6 a 9h após a morte.

Sob minha ótica, tratava-se de mais um vestígio que fortalecia a hipótese de suicídio. Pode ser considerado como um vestígio psíquico de ritual de despedida como ensina Amílcar da Serra e Silva Neto:

> Muitas das referidas motivações se exteriorizam no local do suicídio: na forma de uma carta esclarecendo um descontentamento familiar, fotografias rasgadas denotando o fim de um caso amoroso, livros contábeis demonstrando precária "saúde" financeira dos negócios, receitas médicas atestando doenças incuráveis, ambiente interno desorganizado e abandonado, denotando o estado depressivo do seu habitante, conteúdo de computadores demonstrando visitas a sites de autoajuda, o corpo do suicida vestido com a melhor roupa ou com alguma outra que tenha relação com a sua motivação, por exemplo, uma noiva abandonada, encontrada com o traje nupcial, ou o militar com sua farda[19].

Havia um apego à fotografia como a um símbolo do que foi perdido. Não tenho como saber se o relato fornecido pelo irmão era verdadeiro; tratava-se de uma prova testemunhal, que muitas vezes pode ser permeada por inverdades justificadas por interesses. Porém, vamos considerar por um momento que o relato refletia a verdade. Trata-se do mais puro reflexo da realidade, onde não há pessoas 100% boas ou más. Quanto amor pelo filho havia naquele suicida a ponto de acabar com a própria vida como consequência de ter seu contato tolhido? Quanta maldade havia também nele a ponto de espancar a companheira? Goethe, na obra *Fausto*, tem

---

[19] Silva Netto, Amílcar da Serra e. *Manual de atendimento a locais de morte violenta: Investigação pericial e policial.* Campinas, SP: Millennium Editora, 2016.

uma passagem sobre isso que é muito certeira: a natureza, infelizmente, fez de você apenas um ser, embora houvesse material para um homem bom e um canalha.

Durante os exames, o silêncio na residência era estarrecedor. Nem mesmo uma criança pequena que por ali se encontrava emitia qualquer som. Depois do cadáver ter sido colocado na bandeja, os técnicos em perícia o conduziram pelo pátio para fora da residência. Passaram em frente a uma porta onde estava um adolescente que acompanhou o corpo ensacado com o olhar. Após passarmos por ele, ouvimos um baque: ele havia desmaiado. Retornamos para acudi-lo, mas outros familiares chegaram antes e o ergueram. Rapidamente ele retomou os sentidos e desatou a chorar. Com isso, outros parentes o acompanharam na tristeza e nas lágrimas. Eu era novo naquela situação, não sabia como proceder. O perito mais experiente que eu acompanhava colocou sua mão na cabeça do adolescente de forma paternal, mencionou algumas palavras de conforto que foram recebidas com um aceno de cabeça. Logo, retornamos para a viatura para nos dirigirmos a uma nova tragédia. Nossa tarefa ali estava concluída; o luto deles havia apenas começado.

O caso seguinte também era um suicídio, porém mais complexo. A vítima apresentava diversas lesões no rosto e estava em suspensão incompleta.

> Suspensão completa é aquela em que o corpo fica pendurado, sem encostar ou se apoiar em qualquer superfície através de pés, joelhos ou membros superiores. Suspensão incompleta é quando o corpo está apoiado em alguma superfície, geralmente pelos pés ou joelhos[20].

---

[20] Definição do autor.

É muito difícil simular um enforcamento por suspensão completa de um adulto com estatura média, principalmente devido ao peso do corpo. Diversos estudos apontam que enforcamento é majoritariamente suicida[21] [22] [23]. Porém, uma suspensão incompleta em que não é necessário içar todo o corpo, é menos difícil (mas não quer dizer que seja fácil). Há, ainda, a questão do posicionamento da corda e dos nós, cuja análise é essencial para chegar à conclusão correta. No caso, era claramente visível que a cena era forjada para parecer um suicídio. Obviamente que eu não percebi todos os detalhes, pois era recém meu primeiro local, mas notei alguns vestígios que se destacaram e foram fundamentais para aquele caso. A ocorrência de suicídio forjado é muito rara e eu tive a "sorte" de, no meu primeiro dia de trabalho, me deparar com um caso desta natureza.

Algo que também me pareceu estranho nos primeiros dias era quando lidava com um cadáver que havia morrido há pouco tempo e a temperatura do corpo ainda estava próxima àquela esperada para humanos vivos em situações normais de homeostasia. Em grande parte dos casos, há uma janela de tempo muito elástica entre a ocorrência de morte e o início dos exames periciais, considerando que existem etapas a serem seguidas até o acionamento da perícia. Durante esse período, ocorre o esfriamento do cadáver:

---

[21] Gorniak, Jan M. et al. Hanging Deaths With Bound Hands What Is the Manner?. *The American Journal of Forensic Medicine and Pathology*, v. 28, n. 3, set. 2007.

[22] P. Leth, A. Vesterby. *Forensic Science International* 85, (1997) p. 65-71.

[23] Goonetilleke, U. K. D. A. Two unusual cases of suicide by hanging. *Forensic Science International*, 26 (1984), p. 247-253

No clima temperado (20 a 30°C), as observações registram que, em cada uma das três primeiras horas, a queda da temperatura do corpo é em torno de 0,5°C e, da quarta hora em diante, o decréscimo é em redor de 1,0°C até equilibrar-se com a temperatura do meio ambiente. Isto até cerca de 12h após a morte[24].

Meu estado de atuação é o Rio Grande do Sul, onde, historicamente, há ocorrência de temperaturas mais baixas. No inverno, na capital gaúcha, não raro são registradas temperaturas abaixo de 5°C. Nas estações mais frias, o esfriamento do cadáver ocorre mais rapidamente, o que torna comum, ao tocarmos nele, sentirmos uma sensação de frieza. A primeira vez que encostei em um cadáver e ele estava quente foi bem estranho. Ainda mais que a rigidez cadavérica não havia iniciado, deixando-o flácido, o que lhe dava uma aparência ainda mais vívida. Keith Simpson, um renomado legista, cita que a rigidez cadavérica é o fenômeno *post mortem* mais conhecido, porém o mais incerto e o menos confiável". Ele se refere à utilização deste fenômeno para determinar a cronotanatognose[25]. Já Bernard Knight vale-se não só da rigidez cadavérica mas também do esfriamento do cadáver para fazer uma determinação aproximada do "calendário da morte":

• Cadáver quente e flácido: morte ocorreu a menos de 3 h.
• Cadáver quente e rígido: morte ocorreu entre 3 e 8 h.
• Cadáver frio e rígido: morte ocorreu entre 8 e 36 h.

---

[24] França, Genival Veloso de. *Medicina Legal*. 10. ed. Rio de Janeiro: Guanabara Koogan, 2015.
[25] Definição do tempo de morte através dos fenômenos transformativos.

- Cadáver frio e flácido: morte ocorreu há mais de 36 h.

Trata-se de uma definição resumida, onde quente e frio não apresentam valores definidos, podendo ser avaliados até por subjetividade. A forma correta de medir a temperatura de um cadáver seria pelo duto anal ou pela temperatura do fígado. Nenhuma destas formas de medição é possível realizar em um local de crime. Fazemos apenas uma pequena constatação através de toque manual na pele, mas sem determinar valores. O exame completo do cadáver é de responsabilidade do perito médico-legista. Porém, existem fatores relacionados a ele que devem ser avaliados pelo perito criminal, pois podem se modificar ou se perder até iniciar o exame necroscópico.

ENTERRADO NO CENTRO

Sempre que toca o alarme do computador do departamento é indicativo de que alguma tragédia aconteceu. A atuação do perito criminal, em muitos casos, começa quando a vida de alguém termina. Acabamos sofrendo um efeito pavloviano que gera um mal-estar quando ouvimos algum som parecido com aquele barulho.

Depois do alarme vem as informações repassadas pelo agente de segurança pública que está no local. Geralmente são poucas palavras que são suficientes para dar a dimensão completa do que está por vir. Neste caso, as informações contidas no documento se referiam a um encontro de cadáver enterrado. Casos assim não são raros e geralmente ocorrem em locais fora da cidade, em áreas rurais ou descampadas. São comuns as tentativas de ocultar cadáver enterrando e o local geralmente escolhido é uma área pouco habitada e com pouco trânsito de indivíduos. Para minha surpresa, este era um caso diferente. O endereço indicava que o local da ocorrência era no centro da cidade, em via pública.

"É um erro grave formular teorias antes de conhecer os fatos. Sem querer, começamos a mudar os fatos para que se adaptem às teorias, em vez de formular teorias que se ajustem aos fatos" dizia Arthur Conan Doyle através de sua mais famosa criação, o detetive Sherlock Holmes. Porém, nossa imaginação pode ser incontrolável e, diante das informações iniciais, fiquei pensando em quem teria enterrado um corpo em uma avenida movimentada do centro da cidade e como o teria feito. O perito criminal deve ter uma mente criativa para poder elaborar as teorias que determinem a dinâmica do crime. Mas esta mente criativa só será útil se tiver fatos e vestígios no que se basear.

Depois que chegamos no local do fato é que tudo começou a fazer mais sentido. O lugar onde o cadáver havia sido enterrado era sob um viaduto, uma área gradeada, com solo arenoso, utilizada, informalmente, para descarte de lixo, dejetos e produtos provenientes de roubo que não foram considerados com valor. O policial ali presente no local nos repassou as informações mais completas do que aquelas que chegaram inicialmente. Um morador de rua teria entrado naquela área através de um buraco na grade e se deparado com uma mão humana saindo da terra. Quando encostou na mão e percebeu que estava fria, saiu dali e procurou soldados da polícia militar para relatar o fato.

Eu ainda estava em período de treinamento, acompanhando um perito mais experiente, que conduziu os exames. Chegamos no local imediato[26] e o relato se confirmara:

---

[26] Local imediato é aquele em que se concentra a maior parte dos vestígios, pois é o sítio onde ocorreu o fato. Em casos de homicídio, o local imediato é onde se encontra o cadáver. O local mediato fica nas imediações do local imediato e pode ainda conter vestígios. Dependendo da qualidade do isolamento, este pode ser

lá estava a mão exposta, saindo da terra, como em um filme de terror. Os bombeiros já estavam lá, pois haviam sido acionados pelos policiais que primeiro chegaram no local para fazerem a retirada do corpo utilizando os equipamentos adequados.

Antes da retirada do cadáver da cova, foi feita a avaliação da área imediata. Como citei, havia diversos objetos no local mediato. Diversos, não, milhares: isqueiros, carteiras vazias, cachimbos artesanais para consumo de crack, tubos de caneta, guarda-chuvas, aparelhos de telefonia celular quebrados; uma infinidade de vestígios ilusórios que tornavam a análise do local extremamente dificultosa. Estava muito difícil fazer a distinção entre os vestígios ilusórios e os verdadeiros. Decidi que seria melhor buscar informações no corpo do cadáver para poder dar prosseguimento à análise do local.

Vestígio ilusório é aquele que está no local do crime, mas não tem relação com o fato. Não é produto do ato que gerou o crime. Em muitos casos, ele já se encontra no local antes da ocorrência do crime. O vestígio verdadeiro é aquele que foi causado pelo ato do crime e, quando analisado, pode auxiliar na definição da dinâmica do fato delituoso e/ou identificação do autor. O vestígio

---

fonte de diversos vestígios ilusórios que podem atrapalhar os exames. Na prática, muitos agentes utilizam a expressão local imediato para o que se encontra dentro da área isolada por fitas e local mediato para o que fica no entorno das fitas. O ponto principal é que há uma ligação geográfica entre o local imediato e o local mediato. É importante esta compreensão para poder entender o conceito de local relacionado. Neste, há vestígios que o ligam ao local imediato, mas não há uma ligação física/geográfica. Exemplo: um local de "desova" de cadáver. O local do cadáver é o imediato, o entorno deste é o mediato. Foi encontrada, em outra cidade, uma casa com vestígios que ligavam este local com aquele em que foi encontrado o cadáver. Esta casa seria o local relacionado.

forjado é aquele que foi alterado propositadamente para prejudicar o exame do local[27].

A descrição detalhada das lesões presentes nos cadáveres, assim como a definição do instrumento causador é de competência exclusiva do perito médico-legista[28] [29]. A perinecroscopia[30] criminal aborda preliminarmente as lesões visíveis no cadáver de forma a complementar o exame pericial do local do fato, como preconiza José Lopes Zarzuela[31]:

> Considerando que as perícias que envolvem as pessoas físicas vivas são inteiramente da alçada da medicina legal, poder-se-ia dizer, *a contrario sensu*, que as perícias que envolvem a coisa são da alçada da criminalística.

---

[27] Definição do autor.

[28] Define-se perícia médico-legal como um conjunto de procedimentos médicos e técnicos que tem como finalidade o esclarecimento de um fato de interesse da Justiça. Ou como um ato pelo qual a autoridade procura conhecer, por meios técnicos e científicos, a existência ou não de certos acontecimentos, capazes de interferir na decisão de uma questão judiciária ligada à vida ou à saúde do homem ou que com ele tenha relação. (França, Genival Veloso de. *Medicina Legal*. 11. ed. Rio de Janeiro: Guanabara Koogan, 2018, p. 50).

[29] A perícia médico-legal pode ser definida como uma análise técnica, altamente especializada, que tem por objetivo esclarecer ou contribuir para o esclarecimento de fatos que, de alguma forma, direta ou indiretamente, interessam ao Direito. É uma análise que fornece às autoridades elementos passíveis de valoração quando da necessidade de uma decisão sobre questões de ordem biológica, relativas à saúde e à vida das pessoas. Como se pode depreender da própria expressão, é de competência exclusiva de médicos especialistas em Medicina Legal, conhecidos no Brasil como médicos legistas, e tem sido exercida essencialmente nos serviços ou instituições médico-legais, em atendimento à requisição de autoridades. (Costa, Luís Renato da Silveira. *A perícia médico-legal – aplicada à área criminal*. 2. ed. Campinas, SP: Millennium Editora, 2014, p. 31).

[30] Peri: prefixo que exprime a ideia de à volta de, em redor. Perinecroscopia: exame no entorno do cadáver.

[31] *Temas fundamentais de criminalística*. Porto Alegre: Sagra DC Luzzatto, 1996, p. 15.

Todavia, é necessário enfatizar que não é possível, em todos os casos concretos, estabelecer uma fronteira que demarque os campos de atuação da criminalística e da medicina legal. Uma destas situações pode ser analisada nas ocorrências que envolvem o cadáver, que apresenta simultaneamente interesses para as duas áreas, através da perinecroscopia, na esfera da perícia criminalística e da necroscopia, exumação e exame cadavérico no âmbito da perícia médico-legal.

Desta forma, o perito criminal que analisa o local de morte deve ter conhecimento aprofundado em medicina legal. Mesmo que ele não seja o responsável pelo exame cadavérico, conhecer as lesões e os tipos de instrumentos que as causam podem ajudar na análise do local.

Acompanhei a retirada do cadáver pelos bombeiros, orientado-os para que não prejudicassem algum vestígio que estivesse na cova. Após a retirada do corpo, foi possível constatar que ele se encontrava no estágio inicial de putrefação, com surgimento de mancha verde abdominal que se alastrava pelo terço inferior do abdome indicando o estabelecimento da fase cromática e se encaminhando para o início da fase gasosa. A definição exata da hora da morte baseada exclusivamente nos fenômenos transformativos do cadáver é muito arriscada, pois devem ser consideradas muitas variáveis para se chegar a uma conclusão correta. A temperatura ambiente, o tipo de solo onde o cadáver estava (composição, PH etc), os tipos e as camadas de vestes, a causa da morte e o uso de determinados medicamentos podem alterar o início e o fim de cada fase da putrefação. Embora a literatura médico-legal estabeleça prazos para cada fase, sabemos que, na prática, isso pode variar muito.

Segundo Hércules, a fase cromática, também chamada de fase de coloração, inicia entre 18 e 24 horas após a morte com o surgimento da mancha verde abdominal[32] nos meses de verão e entre 36 e 48 horas nos meses de inverno. A fase de enfisema (fase gasosa) tem início entre 2 e 3 dias após a morte e é resultado do aumento progressivo e rápido da produção dos gases pela flora saprófita. Esta fase atinge a intensidade máxima em uma semana. A fase de coliquação inicia-se 3 semanas após a morte e se caracteriza pela deliquescência geral dos tecidos, com o desparecimento paulatino do enfisema e grandes perdas líquidas.

Os autores podem divergir entre o tempo do início e do fim de cada fase, principalmente porque, na prática, falta-se considerar diversas informações sobre o ambiente em que o cadáver se encontra. A definição de Hércules é correta ao considerar, pelo menos, as diferentes estações com temperaturas mais extremas.

Levando em consideração as características do cadáver e do local, era possível afirmar que a morte deveria ter ocorrido, aproximadamente, entre 4 e 5 dias antes do exame que estávamos realizando. Procedendo ao exame visual externo do cadáver foi possível constatar sangramento do ouvido esquerdo e uma lesão contusa na região frontal esquerda com afundamento craniano. Após a análise externa da lesão, pude ter uma noção do instrumento causador.

---

[32] O gás sulfídrico produzido pelas bactérias difunde-se pelos tecidos e combina-se com a hemoglobina, formando a sulfoemoglobina ou sulfometemoglobina, que tem cor verde. Há quem afirme que a cor verde depende de prévia transformação da hemoglobina em biliverdina, que seria modificada pela ação do gás sulfídrico. (Hércules, Hygino de Carvalho. *Medicina Legal: texto e atlas*. 2. ed. São Paulo: Ed. Atheneu, 2014, p. 175.

Neste caso, a lesão possuía características compatíveis com aquelas causadas por um instrumento contundente grande, curto e pesado. O objeto que se encaixava nessas características seria uma pedra. Assim, iniciei a busca por alguma pedra que se encaixasse nestas características. Quando se sabe o que se procura, fica mais fácil de encontrar. Distante aproximadamente 3 metros da cova havia uma pedra com manchas de sangue. Realizei a coleta na superfície do objeto e encaminhei para o laboratório que, posteriormente, confirmou que se tratava de sangue daquele cadáver.

Na maior parte dos homicídios, a arma utilizada não se encontra no local. Geralmente o agressor a carrega consigo principalmente porque se trata de uma arma que ele trouxe para cometer o homicídio, o que indica uma certa premeditação. Quando ela é encontrada no local junto do cadáver, pode se tratar de um crime não premeditado, como por exemplo, em consequência de uma discussão que evoluiu para agressões. Quando se consegue determinar que o instrumento pertence ao local do fato, como no caso de uma faca que faz parte de um conjunto presente em uma cozinha, é um indicativo que pode reforçar a hipótese de crime não premeditado. No caso descrito, possivelmente a pedra já encontrava-se no local, pois raramente alguém em plena sanidade leva consigo um objeto daqueles.

EU, PERITO

Era chegada a hora de começar a examinar os locais sozinho, sem a orientação de peritos mais experientes. Desta forma, assumiria a coordenação da equipe que me acompanharia ao local: perito, papiloscopista, fotógrafo e técnico. Tenho orgulho de dizer que fui o primeiro a ser liberado pela diretora do Departamento de Criminalística do período de experiência depois de pouco mais de um mês de treinamento prático. Segundo ela, meus laudos apresentavam todas descrições necessárias para compreensão e conclusão do exame e o *feedback* repassado pelos peritos que me orientaram foi ótimo. Confesso que por alguns momentos adquiri uma confiança que, depois de pouco tempo aplicado em estudos criminalísticos, era equivocada. A experiência como perito é um fator extremamente importante. Esta sensação é explicada pelo efeito Dunning-Krueger:

> O efeito Dunning-Krueger é outro viés de cognição que faz com que os indivíduos não saibam avaliar o seu nível de *expertise* em algum assunto. Verifica-se que pessoas que sabem pouco sobre um tópico se consideram es-

pecialistas, enquanto os verdadeiros especialistas questionam a profundidade e abrangência de seu conhecimento.

Em 1999 os psicólogos David Dunning e Justin Kruger identificaram o efeito, inicialmente através da consideração do caso de um assaltante de bancos que praticava assaltos com o rosto coberto por suco de limão, na expectativa de estar invisível para as câmeras de segurança. Sua crença se originou do uso de suco de limão como "tinta invisível". Outros testes confirmaram a existência do efeito, inclusive por meio de experimentos onde pessoas eram treinadas para resolver problemas de lógica. Quanto mais treinadas melhor as pessoas conseguiam avaliar sua competência na solução dos desafios.

Nas palavras de Dunning: "Se você é incompetente, você não consegue perceber que é incompetente. As habilidades de que você precisa para encontrar respostas corretas são as mesmas necessárias para reconhecer que elas estão corretas". Apesar de cometer muitos erros as pessoas julgavam que estavam desempenhando bem nos testes.

Dunning e Kruger realizaram diversos testes com estudantes de graduação em psicologia em níveis introdutórios, para avaliarem suas habilidades intelectuais em pensamento lógico, gramática inglesa e senso de humor pessoal. Em seguida, os alunos avaliaram suas posições em relação aos colegas de classe. Verificou-se que os melhores alunos não se atribuíram boas classificações dentro de sua turma, enquanto os alunos fracos não se viam como mal colocados nesse ranking. Os mais competentes afirmaram não se colocar no topo porque pensaram que as tarefas fáceis (para eles) fossem fáceis para todos.

Essa incompetência na autoavaliação pode ter impactos profundos nas crenças individuais, nas decisões

e atitudes tomadas. Por exemplo, em testes de qualifica-
ção científica os pesquisadores verificaram que mulheres
tiveram desempenho idêntico aos de homens, embora
se avaliassem como inferiores. Acreditando que homens
são mais hábeis no pensamento lógico-científico, muitas
alunas podem se afastar dos cursos e carreiras científicas
ou de competições nessas áreas.

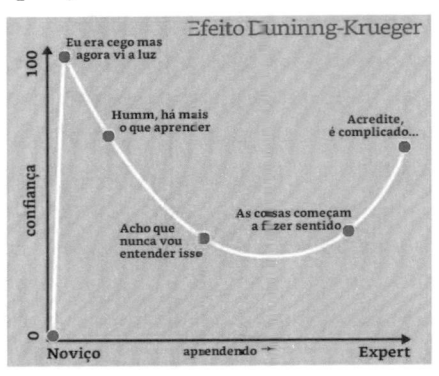

Testes envolvendo a compreensão linguística foram
realizados em experimentos que exibiam uma série de
termos em áreas como política, biologia, física e geografia. Palavras inventadas eram ocasionalmente inseridas
e se perguntava aos entrevistados se eles conheciam os
termos. Um dos estudos mostrou que aproximadamente 90% dos entrevistados que afirmaram conhecer um
assunto também julgavam compreender as palavras inventadas associadas àquele tema.

O efeito não ocorre apenas em indivíduos com pouca
formação, ignorantes no geral ou ingênuas, nem exclusivamente sobre temas técnico-científicos. A maioria das
pessoas possui pontos fracos em sua formação a respeito
de algum assunto. Por mais especializadas que elas possam ser em temas de seu domínio, poderão exibir esse
defeito de cognição. Uma forma relativamente simples

de perceber o viés em grupos consiste em reunir pessoas de uma mesma comunidade, com uma base cultural comum e pergunta-los como se qualificam em relação a tópicos de interesse comum. A absoluta maioria delas se classifica entre os 10 ou 15% dos melhores motoristas, melhores amigos, pessoas mais honestas, trabalhadores mais eficientes etc, o que é matematicamente impossível.

Dunning e Kruger sugeriram que o efeito é causado por uma "dupla deficiência". A incapacidade em compreender o assunto em questão também age para dificultar a autoavaliação. Pessoas incompetentes tendem a superestimar a própria competência, ser incapazes de encontrar seus erros e falta de habilidade e não reconhecem a competência de pessoas qualificadas, quando as encontram. As pessoas mais afetadas pelo efeito Dunning-Kruger exibem maior dificuldade com a metacognição, a capacidade de obter uma visão abrangente sobre o próprio comportamento e habilidades.

Por outro lado, indivíduos com altos níveis de realização (em uma determinada área) sabem que estão acima da média, mas não sabem se graduar em relação aos demais. Além de conhecer as meandros do tema em que se especializaram, e saber que há muito mais a ser conhecido, eles tendem a julgar que as outras pessoas conhecem tanto quanto eles[33].

Mesmo depois desses quinze anos trabalhando com perícia criminal, ainda existem casos que me surpreendem.

Era uma terça-feira e eu me sentia pronto para encarar qualquer desafio, com a confiança de um novato em alta.

---

[33] Phylos.net. *Viés de Confirmação e Efeito Dunning-Krueger*. Disponível em https://www.phylos.net/2020-06-09/vies-de-confirmacao. Acesso em: 22 set. 2021.

Sentia-me o próprio Hercule Poirot à espera de um cliente que iria se surpreender com meus dons investigativos. A realidade não podia ser mais diferente.

As horas passavam e nada do alarme tocar. Eu sentia uma mistura de ansiedade, medo, insegurança e excitação. Estava disposto a colocar minhas supostas habilidades em prática, mas também pensava que para isso, alguém teria de morrer. Era como aquele conto do Richard Matheson[34] que a pessoa apertava um botão em uma caixa misteriosa e ganhava cinquenta mil dólares, mas algum desconhecido morreria. Sem precisar desejar ou fazer nada, o alarme tocou anunciando mais uma suspeita de morte violenta.

Dirigimo-nos ao endereço da ocorrência: uma casa humilde que destoava das outras, em um bairro boêmio. Uma edificação estreita, fincada entre duas semelhantes, cuja finalidade deveria ser para uso comercial, mas havia sido adaptada para fins residenciais. As informações repassadas pelos policiais é que se tratava de um suicídio. Porém, os vestígios apontavam para uma morte natural ou, até mesmo, acidental. A presença de diversas velas apagadas pela residência indicava que não havia energia elétrica. O banheiro, local onde estava o cadáver, não apresentava ventilação e, na pia, havia roupas queimadas e uma vela estava no chão. Toda a peça estava tomada por um pó branco, que presumi ser do uso de extintor de incêndio em uma tentativa de apagar o fogo provocado pela vela caída sobre

---

[34] O conto, cujo título original é *Button, button* foi publicado na revista Playboy americana em junho de 1970. Foi adaptado para televisão através de um episódio do programa *Além da imaginação* (*Twilight Zone*) na temporada de 1985-1986 e para o cinema com o nome de *A caixa* (*The box*), com direção de Richard Kelly e estrelado por Cameron Diaz, James Marsden e Frank Langella.

as roupas. Deduzi que aquele era o local onde a vítima lavava suas vestes, visto que não havia tanque na residência. A vela teria caído sobre as vestes e causado um pequeno incêndio com produção de fumaça, o que viria a provocar um mal-estar na vítima que havia desmaiado e, por conseguinte, falecido. A necropsia haveria de confirmar esta hipótese posteriormente com um exame de presença de carboxiemoglobina no sangue retirado do coração.

Segundo França[35], asfixia por monóxido de carbono é mais constante como forma de suicídio e, mais raramente, acidental ou homicida. Porém, não havia elementos para saber se a vela teria caído acidentalmente ou propositalmente sobre as roupas. Apenas foi possível eliminar a ocorrência de um homicídio, conforme a análise dos vestígios permitiu. Diferente do que acontece na ficção, em muitos casos não conseguimos determinar exatamente o que aconteceu. Porém, tudo apontava para um acidente.

Retornei para a base de certa forma satisfeito de ter conseguido conduzir os exames em meu primeiro caso sozinho, mesmo sabendo que se tratava de um local de morte simples. Porém, a noite estava somente começando.

Era por volta das 23h o alarme tocou novamente e o histórico recebido indicava que havia ocorrido uma morte em confronto policial. Quando chegamos no local, as informações foram complementadas pelo delegado que lá se encontrava: um indivíduo que havia roubado um veículo entrou em confronto com policiais militares que o interceptaram com a viatura. Houve troca de tiros e o assaltante

---

[35] França, Genival Veloso de. *Medicina Legal.* 10. ed. Rio de Janeiro: Guanabara Koogan, 2015.

acabou falecendo dentro do veículo. O local estava extremamente movimentado. Situava-se em via pública que, embora não fosse tipicamente movimentada, atraiu a atenção de diversas pessoas. As fitas de isolamento abrangiam uma grande área em torno do veículo, mas não impedia que diversas pessoas estivessem dentro do local imediato: policiais militares, policiais civis e outros indivíduos sem identificação. Pedi ao delegado que solicitasse que todos que não fossem policiais saíssem de dentro do isolamento. Não saiu ninguém, pois muitos eram policiais sem identificação visual. Pelo menos não haviam pessoas próximas do veículo. A parte de fora do isolamento era uma bagunça generalizada. Diversos curiosos se amontoavam e disputavam espaço com repórteres da imprensa e familiares.

Quando leciono para novos peritos, a dica que sempre dou é a seguinte: se possível, libere o cadáver antes de fazer os exames no local. Embora o exame do cadáver seja de competência exclusiva do perito médico-legista, a análise das lesões visíveis e das vestes do cadáver podem auxiliar a perinecroscopia criminal. Depois que o cadáver sai de cena, todos os curiosos vão embora. Eles querem ver o "morto". O primeiro motivo, na tentativa de explicar esse fenômeno, seria a curiosidade. Porém, creio que tenha mais relação com o tabu da morte. A maioria das pessoas só vê um cadáver em velório, arrumado e enfeitado dentro do caixão. Torna-se atraente ver alguém dilacerado após um acidente ou em local de crime. Pode ser visto até como uma forma de transgressão social. Assim como quebrar regras, o proibido desperta a nossa curiosidade. Outras pessoas afirmam que se trata de uma forma de saber que o mundo continua mesmo após a morte.

Eric G. Wilson, em sua obra *Everyone Loves a Good Train Wreck: Why We Can't Look Away* (Todo mundo adora um bom desastre de trem: por que não conseguimos parar de olhar, em tradução livre) faz uma pequena análise do motivo pelo qual a morte atrai tantos curiosos.

Carl Jung, que fundou, junto com Freud, a psicanálise, acreditava que gostamos de testemunhar a violência precisamente porque nos permite entreter nossos impulsos mais destrutivos sem realmente prejudicar a nós mesmos ou aos outros. O próprio Jung foi atraído pela escuridão. Quando tinha quatro anos, não conseguia parar de pensar no cadáver de outro menino de quatro anos, que havia se afogado em um rio próximo. Na época em que a criança foi encontrada, Jung quase saltou nas mesmas corredeiras mortais; ele foi salvo apenas pelo aperto rápido da empregada. A esse impulso suicida, o adolescente Jung acrescentou uma fixação em fantasmas, os quais dizia encontrar todas as noites em sua casa.

Jung deu continuidade a essa "preocupação com o cadáver", como ele a chamou, durante toda a sua vida, e isso gerou uma de suas contribuições mais duradouras para a nossa compreensão da psique humana: a ideia da sombra. Ele acreditava que o *self* é composto de três níveis – o ego consciente, o inconsciente pessoal e o inconsciente coletivo. O inconsciente pessoal é feito de memórias reprimidas e instintos exclusivos da história de um indivíduo. O inconsciente coletivo, ao contrário, transcende o particular. É um reservatório onipresente e atemporal de arquétipos que organizam a existência consciente. Um desses arquétipos é a sombra, um arquivo de tudo o que odiamos em nós mesmos; geralmente impulsos mórbidos, como a propensão para a melancolia ou impulsos suicidas e assassinos. As formas favoritas da sombra são diabos, demônios, vampiros, lobisomens etc.

Porque odiamos a sombra, nós a empurramos profundamente no inconsciente, na esperança de esquecê-la, fazê-la ir embora. Mas não vai. Quanto mais reprimimos isso, mais agressivamente ela se rebela. Uma sombra reprimida inunda nossa mente com visões prejudiciais. Ele nos atormenta com pesadelos traumáticos que podem tornar nossos dias neuróticos. Ou, pior, fomenta psicose total, tentando-nos a projetar nossos próprios demônios internos sobre os outros, geralmente entes queridos. Nós distorcemos nossos pais ou esposas ou filhos ou amigos em monstros e assim sabotamos nossos relacionamentos mais valiosos. Embora odiemos a sombra, também a desejamos secretamente, porque em nossos recessos mais profundos realmente ansiamos pela ruína.

Podemos externar piedade pura, mas realmente temos simpatia pelo diabo. Este é um ponto óbvio – que todos nós temos um lado negro, um diabinho perverso. No entanto, a maioria de nós nega, tentando convencer a nós mesmos e aos outros de que nossas intenções são sempre corretas e nossos pensamentos puros. E então montamos um jogo que parece bobo, embora na verdade seja muito sério: não deixe a mão direita, que carrega a tocha da justiça, saber o que a mão esquerda, o apêndice sinistro, está fazendo. Tal autoilusão garante que permaneceremos divididos contra nós mesmos – razão contra a sombra, luz contra escuridão – e, além disso, que o lado mais nefasto, porque reprimido para um lugar além da consciência, persistirá, sem controle, em sua semeadura da discórdia. Jung pensa que a saúde mental surge da concórdia entre as trevas e a luz. Enquanto continuarmos a demonizar nossas tendências mórbidas, seremos apenas meia pessoa, antinaturais, fora de sintonia, como o dia sem noite, para cima sem para baixo.

Observar situações macabras pode levar à mera insensibilidade, como consequência da procura de uma emoção barata; ou pode resultar em trauma atordoante. Mas entre esses dois extremos, a curiosidade mórbida às vezes pode nos inspirar a imaginar maneiras de transformar a escuridão necessária da vida em uma visão luminosa.

Mas este era um dos meus primeiros locais e eu não sabia disso ainda. Resolvi fazer os exames lá mesmo e no veículo antes de liberar o corpo, fazendo com que sempre que me aproximasse do cadáver, gerasse um burburinho entre os curiosos. Além disso, havia muitas distrações no entorno, por vezes, dos próprios policiais que faziam mil perguntas e, no intuito de ajudar, apontavam vestígios que eu ainda não havia analisado. Tudo isso dificultava a simples tarefa de pensar. Mantive a calma, respirei fundo e pensei: "é o seu primeiro local, não vai ser sempre assim". Porém, posteriormente, entendi que o burburinho e a pressão são elementos constantes em local de crime. "Para trabalhar na rua é preciso ter jogo de cintura" um dos professores do curso de formação me disse. Embora minha personalidade não seja das mais sociáveis, aprendi a lidar com determinadas situações inesperadas durante os anos de experiência que venho acumulando. A primeira coisa a fazer é sempre conversar e tentar apaziguar a situação de forma civilizada e educada. Isso pode ser o diferencial entre sair ileso ou ter de enfrentar uma turba enfurecida.

Retornei para a base cansado, mas, ao mesmo tempo, extasiado pela experiência.

FALHA NO HISTÓRICO

Às vezes, as informações repassadas pelos agentes de segurança pública, quando acionam a perícia, são demasiadamente sucintas de modo que podem dar a entender algo diferente do que aconteceu. Por um lado é bom, pois um histórico mais complexo pode nos influenciar e, dessa forma, nos contaminar com uma teoria de forma que podemos acabar procurando os vestígios que justifiquem aquele relato. Mas a ausência total de informações ou a presença de muitos dados equivocados também pode ser prejudicial.

Já soube de um colega que foi acionado para atender um local de atropelamento e, quando chegou, descobriu que a vítima era um cachorro que nem havia morrido. Eu mesmo já fui acionado para atender um disparo de arma de ar comprimido e a vítima era um passarinho. Outro colega relatou que foi acionado para atender um local de disparo de arma de fogo em via pública. Ao chegar no local, estranhou, pois não havia nenhuma viatura policial ou agentes para providenciar o isolamento. Resolveu dirigir-se à casa que era indicada no histórico da ocorrência. Não havia campainha, então ele resolveu bater palmas no portão e chamar o morador. Logo apareceu uma senhora idosa e deu-se o seguinte diálogo:

– Boa tarde, senhora. Somos da perícia, viemos aqui para fazer um exame em local de tiro.

– Tiro? – perguntou a dona da casa.

– Sim, recebemos um chamado dizendo que houve um disparo de arma de fogo aqui.

– Na verdade, eu liguei pra polícia pra avisar que tinha uns jovens fumando maconha aqui na frente. E quando avisei que tinha feito isso, eles dispararam correndo.

– Então não houve tiro?

– Não, apenas esses guris que dispararam.

Aqui cabe uma pequena explanação a respeito da diferença entre tiro e disparo. Podem parecer sinônimos, mas não são.

> Disparo é o acionamento do mecanismo da arma através do pressionamento do gatilho e, por consequência, movimentação do percutor contra o cartucho. O tiro é um disparo eficaz, com o pressionamento da espoleta pelo percutor e consequente deflagração da pólvora que fará com que o projétil seja expelido pelo cano da arma. Nem todo disparo vai dar origem a um tiro, porém, todo tiro é precedido do disparo do mecanismo da arma[36].

Porém, creio que uma das histórias mais inusitadas que tomei conhecimento foi a que aconteceu com outro

---

[36] Silvino Junior, João Bosco. *Balística aplicada aos locais de crime*. 2. Ed. Campinas, SP: Millennium Editora, 2018.

colega, há muito tempo. Ele relatou que recebeu o chamado para examinar um local de suspeita de morte violenta, sem mais detalhes. O endereço era em um bairro de classe alta da cidade, algo até incomum no nosso trabalho, quando se trata de morte violenta. A equipe da perícia estacionou a viatura em frente ao prédio, uma grande edificação com grades e serviço de portaria. Os policiais estavam na frente e disseram que o local do fato era na entrada do prédio. Logo que adentrou o hall de entrada, o perito se deparou com diversas pessoas, algumas chorando e viu que o corpo estava sobre um sofá. Foi até ele e percebeu algumas manchas na camisa do cadáver. O perito pegou uma caneta hidrográfica e começou a circular as manchas. Em seguida, um dos policiais que estava na rua, viu a cena e se dirigiu ao perito:

– Doutor, o que o senhor está fazendo?

– Estou marcando essas manchas aqui. Não vi nenhuma lesão no cadáver. Também não constatei nenhum sangramento. Creio que ele pode ter sido envenenado e estas manchas podem ter alguma relação. Vou retirar a camisa e mandar para o laboratório para que analisem.

– Mas, doutor, o corpo está no poço do elevador. Este é um dos parentes da vítima que desmaiou.

Caso semelhante aconteceu com outro colega. E o fato se deu porque o isolamento do local do crime em muitos casos, é precário justamente por não impedir que indivíduos adentrem na área preservada. Tratava-se de um local fechado, dentro de uma casa. O perito chegou no local e havia diversas pessoas na sala. Imediatamente pediu que todos saíssem para que ele iniciasse os exames. Todos que ali se encontravam obedeceram e começaram a se retirar do local, menos um homem que permaneceu sentado em uma cadeira no centro da sala. O perito se dirigiu a ele e deu uns tapinhas no ombro dizendo: "por favor, senhor, preciso fazer os exames". Foi então que o homem caiu pesadamente no chão: era o cadáver.

PRESERVAÇÃO DE LOCAL

A importância da preservação do local é tamanha que temos dispositivos no Código de Processo Penal reservados para isso:

Art. 6º Logo que tiver conhecimento da prática da infração penal, a autoridade policial deverá:

I – dirigir-se ao local, providenciando para que não se alterem o estado e conservação das coisas, até a chegada dos peritos criminais;

II – apreender os objetos que tiverem relação com o fato, após liberados pelos peritos criminais;

Na teoria, logo que o isolamento for providenciado pelos agentes de segurança pública, sejam eles policiais civis ou militares, o local deve-se manter intacto, e só os peritos criminais podem adentrá-lo. O famoso perito criminal Eraldo Rabelo já citava a fragilidade dos locais de crime de forma poética:

Local de crime constitui um livro extremamente frágil e delicado, cujas páginas, por terem a consistência de poeira, desfazem-se, não raro, ao simples toque de mão imprudentes, inábeis ou negligentes, perdendo-se desse modo para sempre, os dados preciosos que ocultavam da argúcia dos peritos.

Quanto pior for o isolamento e a idoneidade do local, maior a possibilidade de vestígios verdadeiros se perderem, dando lugar a vestígios ilusórios e/ou forjados.

Porém, na prática, não é bem isso que acontece. Muitas vezes chegamos no local de crime e nos deparamos com diversas pessoas dentro da área isolada. Muitas sem identificação, o que nos leva a crer que podem ser desde policiais até curiosos.

Uma situação semelhante ocorreu em uma área suburbana, onde ficava um bar. Pelo menos era o que os policiais disseram, pois aquele casebre não tinha aspecto algum de estabelecimento comercial. Era uma edificação mal acabada, de madeira sem pintura, cujo solo do terreno era de sedimento arenoso, assim como a via pública. Bem diferente da iluminada e asfaltada Las Vegas onde Gil Grissom costuma atuar no seriado *CSI*. Nenhuma equipe fictícia suportaria as condições dos locais a que estamos acostumados.

Logo que adentramos a área isolada, um dos indivíduos que ali se encontrava veio em minha direção e começou a fazer vários relatos. Era um homem na faixa etária dos 40 anos, baixo, gordo, vestia uma camisa verde que parecida ser alguns números maiores que o seu, uma bermuda de brim surrada e sandálias. Para completar o quadro, usava um *mullet* que faria o MacGyver morrer de inveja. Ele dizia que a vítima tinha vindo de um lado, o agressor de outro, perambulando de um lado para o outro, gesticulando e pisoteando toda área em torno do cadáver. Os poucos vestígios que poderiam ter ali se perdiam à medida que ele caminhava. Eu era novo no trabalho e não sabia como abordar esse indivíduo de forma que ele se retirasse do local. Aproximei-me de um dos policiais militares que estava uniformizado, sendo assim, fácil de identificá-lo como agente de segurança pública, e indaguei: "mas quem diabos é esse cara?"

O policial me olhou, deu uma risada e respondeu: "esse é o inspetor de polícia". "Certamente ele deve estar disfarçado para tentar conseguir informações entre os populares" tentei emendar para não parecer muito preconceituoso com os trajes do colega. O policial militar deu apenas uma breve risada. Logo pensei em como é importante utilizar elementos que facilitem sua identificação em locais de crime para não ser confundido com alguém que não deveria estar ali.

Dirigi-me ao local imediato para dar prosseguimento aos exames. O cadáver estava em frente ao bar e claramente havia indícios de que ele havia sido arrastado. Os vestígios apontavam que ele havia sido retirado de dentro do bar, puxado pela mão direita. Ao ser confrontado com estas informações, o dono do bar confessou que ele havia retirado o corpo de dentro do estabelecimento para não dar uma má impressão ao local. Pensei em perguntar se um cadáver em frente ao bar não daria uma impressão pior, mas deixei os questionamentos para o inspetor de polícia que ali estava.

A importância do isolamento é justificada para manter os curiosos longe do local de forma a não contaminarem ou até retirarem os vestígios ali presentes. Quanto maior o isolamento, melhor. Mas, por vezes, ele é inexistente.

Em uma ocasião, não pude contar com o auxílio dos colegas da segurança pública e tive que tomar a frente da situação. Havia ocorrido um triplo homicídio em uma residência de uma cidade do interior. Chegamos no local por volta das 2h da madrugada. Os três corpos estavam na cozinha, rodeados de manchas de sangue e elementos de munição de arma de fogo. Puxamos os corpos para a sala para podermos fazer o registro das lesões e outros detalhes quando vi que o dia estava amanhecendo. Resolvi abrir a porta da frente da casa para entrar a luminosidade do raiar do dia e facilitar os registros. Voltei-me para os corpos e comecei a movimentá-los para retirar as roupas e registrar as lesões. Não contava com a ajuda dos colegas técnicos em perícia, pois naquela cidade quem fazia o recolhimento do cadáver eram funerárias que tinham convênio com as prefeituras. Felizmente havíamos ido em dois peritos naquela ocasião, pois éramos ambos novatos, com menos de 6 meses no cargo e ficamos um pouco receosos com a quantidade de corpos e de elementos de munição.

Enquanto estávamos ocupados com os cadáveres, percebi a movimentação de uma pessoa atrás de mim. Pensei que seria o colega da civil que acompanhava o trabalho e não dei muita atenção. Meu colega perito me cutucou e perguntou quem era aquele que ali estava. Vi que não era o policial civil e perguntei se aquele senhor que estava dentro da sala, em meio aos cadáveres, era o funcionário da funerária que viria recolher os corpos. Ao que ele respondeu:

– Não, eu sou o vizinho aqui do lado.

– Então o senhor está invadindo um local de crime e peço que se retire. Se o senhor tiver alguma informação pertinente a respeito do ocorrido, por favor relate ao policial civil assim que ele retornar de onde quer que ele esteja. Mas aguarde fora do terreno.

– Não, eu não ouvi nada. Cheguei em casa agora de manhã.

– Então, por favor, retire-se daqui.

Ele saiu um pouco contrariado. Percebi pelo olhar curioso que o que ele queria mesmo era ver os cadáveres. Sua entrada não havia sido impedida pelo policial que nos acompanhava, pois este se encontrava tomando o depoimento de uma outra testemunha. Muitos problemas de isolamento e preservação de local esbarram na precariedade dos quadros de servidores da segurança pública.

Retomamos os trabalhos para, cinco minutos depois, sermos interrompidos novamente pelo mesmo senhor que voltava a adentrar o local, com ar despreocupado e mãos no bolso. Eu não acreditei que aquilo estava acontecendo novamente. Desta vez fui um pouco mais enérgico e pedi firmemente que ele se retirasse dali antes que ele saísse preso por invadir um local protegido por lei. Creio que o acúmulo do cansaço de passar a noite em claro puxando cadáveres e me sujando de sangue deu um tom mais firme a minha solicitação, o que a fez ser atendida.

Geralmente, locais fechados, aqueles dentro de edificações que contam com barreiras como paredes e portas, são mais fáceis de se manterem isolados. O grande problema se encontra nos locais em via pública.

Eu estava examinando um cadáver que havia sido morto em via pública às 6h da manhã, perto de uma parada de ônibus. Como era fim de semana, não havia quase ninguém por perto. Foi quando vi um carro vermelho que transitava pela via estacionar na margem oposta de onde estávamos. Dali saiu uma senhora que veio direto em nossa direção. Os policiais que faziam o guarnecimento pensaram que se tratava de algum parente da vítima e foram lhe dar atenção. Foi então que ela confessou: "não sou parente, só queria olhar mesmo". Imagino quão desocupada era essa pessoa a ponto de fazer isso. Não preciso dizer que foi imediatamente solicitada a se retirar do local.

Outro problema dos locais em vias públicas é que eles são mais propícios a situações em que precisamos recolher o cadáver às pressas e terminar os registros fotográficos no IML devido à situação incontrolada de multidão enraivecida. Mas nada impede que isso ocorra em locais fechados.

Tratava-se de um local circundado por grades cujo acesso se dava através de um portão que estava aberto. A equipe da polícia civil que nos acompanhava era composta de uma delegada e dois inspetores. O homicídio havia ocorrido em um local onde ocorria uma festa. A vítima devia ter seus vinte e poucos anos. Conseguimos retirar a maior parte das pessoas que ali estavam para fora do cercado e fechamos o portão para podermos trabalhar. Enquanto realizava a perinecroscopia, chegou a mãe da vítima no local e começou um rebuliço. Ela acusava uma namorada do filho que estaria no local de ser a mandante do crime e ameaçava matá-la. Porém, sua raiva começou a se voltar contra nós porque estávamos impedindo-a de ver o seu filho, cujo corpo já estava dentro do saco de transporte. Sua indignação começou a tomar conta da massa que estava no entorno e as ameaças contra nós começaram a aumentar. Cheguei próximo da grade e, com tom enérgico, pedi a todos que se acalmassem antes de dirigir-me à mãe da vítima. Falei para ela que não seria bom que ela visse o filho dela naquela situação, que seria melhor guardar uma outra imagem dele e que nós iríamos cuidar dele. Tudo isso foi em vão, ela insistia em ver o filho. Não costumo permitir isso, mas deixei-a entrar no isolamento e despedir-se do filho. Considerando que era uma situação de risco para todos nós, pensei que seria o melhor a se fazer. Ela abriu o saco onde o cadáver se encontrava e abraçou-o enquanto chorava. Era uma cena realmente triste e desesperadora que contaminou várias pessoas que assistiam. Depois de alguns minutos, resolvi pegá-la pelo braço e dizer algumas palavras de conforto, prometendo que nossa equipe cuidaria bem do filho dela. Sob lágrimas e desespero ela saiu sendo reconfortada por alguns parentes que chegavam. Logo a multidão começou a se dispersar e conseguimos sair de lá com tranquilidade.

PERÍCIA É SERVIÇO PÚBLICO

Embora muita gente ache que os peritos só atuem em local de crime, muitos destes servidores estão lotados em seções que realizam exames dentro das dependências dos Departamentos ou Institutos de Criminalística. São chamados, na gíria pericial, de "internas" enquanto que os servidores que atuam em locais de crime são os "externas". Apesar de uma rivalidade sadia entre os servidores para saber qual o melhor local para se atuar, existe sempre uma grande colaboração de forma a auxiliar qualquer exame que esteja sendo realizado. Na minha experiência pessoal, tive excelente retorno sempre que precisei do apoio de algum conhecimento dos colegas do laboratório, balística, necrotério etc. Claro que piadas sempre surgem, mas creio que isso reflete um coleguismo tranquilo. Todos setores da perícia são importantes.

Mas isso não quer dizer que todos tenham a mesma rotina. Não passei por todas as áreas da perícia para comparar, mas entre aquelas em que trabalhei, certamente a atuação na "externas" traz uma carga emocional diferenciada, justamente por ter que lidar muitas vezes com o fator humano e a falta de rotina. Nunca sabemos o que nos espera quando descemos da viatura. Podemos estudar todos os livros de criminalística e medicina legal que ainda seremos surpreendidos com algum acontecimento diferenciado em um local de crime.

Quando estamos na rua, na viatura, para a população em geral, não interessa se pertencemos à polícia civil ou se somos um órgão independente. Antes de mais nada, somos representantes do Estado e devemos agir como tal, de forma a prestar auxílio a qualquer cidadão que nos solicite. Claro que também precisamos atuar dentro de nossas capacidades. Mas creio que, antes de mais nada, temos que nos lembrar de que somos humanos e devemos ajudar sempre que possível.

Certa vez, retornando de um local de crime em que fomos acionados somente eu e um fotógrafo, nos deparamos com um homem caído em uma calçada, em uma área residencial. Ele vestia apenas uma bermuda, o que era compatível para o calor de trinta e cinco graus que fazia naquele dia. Decidimos parar para ver o que havia acontecido. O homem apresentava aparência suja, indicando que possivelmente se tratava de um morador de rua. Porém, isso não seria justificativa para não prestar o devido auxílio.

Abaixei-me ao lado dele e chamei-o, tentando acordá-lo da forma mais tranquila possível, mas não obtive resposta. Continuei chamando-o, aumentando a intensidade da voz, mas ele continuava a não responder. Decidi procurar por sinais vitais, pois já começava a suspeitar que eu poderia estar gritando com um cadáver. O corpo estava quente e havia pulsação. Decidi ligar para o SAMU[37], pois suspeitava que algo grave poderia ter acontecido com ele. Enquanto isso, meu colega continuava tentando acordar o homem sem sucesso, mesmo que se utilizasse de meios mais enérgicos. Enquanto eu estava no telefone, o homem simplesmente acordou. Prontamente lhe indaguei se ele se sentia bem ao que ele respondeu, com a língua enrolada:

– É só cachaça – respondeu tentando manter-se em pé.

Pedi então que ele ficasse em pé, com as pernas abertas e que fechasse os olhos para verificar o sinal de Romberg e fazer uma rápida avaliação de suas condições, ao que ele se negou veementemente. Não queria fechar os olhos de jeito nenhum. Meu colega entendeu a recusa e falou:

– Fica tranquilo, não vai rolar esculacho[38].

Ainda assim, ele continuava a se negar a atender o que foi solicitado. Acabamos desistindo; não dá pra ajudar quem não quer se ajudar. Ele saiu caminhando a esmo e voltamos para a viatura.

Outros colegas já relataram que presenciaram crimes e tiveram que interceder, mesmo sem possuírem arma de fogo. Apesar de termos porte funcional de arma de fogo autorizado pela lei nº 12.786, de 14 de setembro de 2007, não temos muitos armamentos no órgão, o que faz com que poucos servidores tenham arma fornecida pela instituição. Alguns servidores optaram por arcar com os custos de seu próprio armamento. Eu fui um destes, depois de passar por algumas experiências de risco.

---

[37] Serviço de Atendimento Móvel de Urgência.
[38] Gíria para dizer que ele não iria apanhar.

Portar uma arma de fogo no exercício da profissão na área de segurança pública pode ser o diferencial entre sobreviver e virar uma estatística de homicídio. Nossas viaturas são adesivadas com dizeres da segurança pública e têm *giroflex* no teto. Podem facilmente ser confundidas com viaturas policiais, o que torna real a possibilidade de nos tornarmos alvo de ataques.

Certa vez, retornávamos de um local de crime à noite (geralmente, as ocorrências mais bizarras são na madrugada), quando nos deparamos com um veículo mal estacionado na via e circundado por diversas pessoas que, aparentemente, estavam em conflito com um indivíduo que parecia alterado. Nenhum dos integrantes da equipe portava arma de fogo, então resolvemos ativar a sirene da viatura com a esperança que o indivíduo se intimidasse com isso e se retirasse do local. Ledo engano, não só não se evadiu, como começou a confrontar a nossa viatura. Fiz a minha cara mais carrancuda e saí da viatura intimidando-o para que fosse embora usando a voz mais grossa possível enquanto minha mão direita alcançava o objeto mais mortal que eu tinha no momento: um estilete. É o que chamamos, no pôquer, de blefe. Você precisa passar segurança e acreditar na sua própria mentira. O indivíduo ficou na dúvida, mas acabou indo embora, não sem antes lançar uma série de impropérios contra nós.

Outro acontecimento em que parecia se fazer necessário o uso de arma de fogo foi relatado por um colega. Era uma época em que estavam ocorrendo mortes de taxistas na cidade: foram três vítimas em dois dias, o que gerou certa comoção nesta categoria profissional e apreensão nos órgãos de segurança pública. Uma equipe da perícia estava retornando de um exame de local de crime durante a madrugada quando se depararam com um táxi cujo percurso era inconstante. Ora se mantinha na pista da esquerda, ora na da direita, sem utilizar a seta e freando com uma certa frequência, o que gerou suspeitas na equipe da perícia. Considerando a situação atual que ocorria na cidade, decidiram parar o veículo e abordar o motorista para verificar se estava tudo bem. Porém, dos três integrantes da equipe, somente um tinha arma de fogo, e ele foi o escolhido a fazer a abordagem. Os vidros escuros do táxi e a pouca luminosidade da madrugada dificultavam a visualização da parte interna do veículo, impedindo de ver quantos ocupantes ali estavam. Embora arriscado e contraindicado, o colega resolveu continuar a abordagem. Os outros que ficaram na viatura relataram que viram o colega se dirigindo ao táxi, mas, antes de alcançá-lo, retornou rapidamente. Chegou próximo da janela do motorista da viatura e falou:

– Esqueci o revólver na base.

Rapidamente decidiram que deveriam continuar com a abordagem na "cara e na coragem", algo realmente não indicado. O fotógrafo criminalístico pegou o tripé de sua máquina como se fosse um fuzil e se postou ao lado da viatura, em uma área escura. O outro colega também se postou do lado de fora com a mão na cintura como se segurasse a coronha de uma arma. O colega que esqueceu a arma continuou sendo o escolhido para fazer a abordagem. No fim, o taxista estava sozinho e procurava um endereço naquela zona que não lhe era familiar, por isso dirigia daquela maneira. A equipe colocou a segurança do cidadão acima de sua própria e, talvez por sorte, o desfecho não foi trágico.

PERDIDOS NA NOITE

Com o avanço da tecnologia, nossa vida tem se tornado mais fácil em relação à localização. O uso de GPS através de aplicativos como *Google Maps* e *Waze* auxiliou na circulação dentro das cidades. Embora ainda soframos com a ausência do nome de algumas ruas ainda não identificadas nos mapas dos aplicativos, é bem diferente da época em que precisávamos contar com mapas em papel e a boa vontade de transeuntes para informar as direções corretas para chegar a determinado local. Em alguns casos, à medida que nos aproximamos do local do fato, as pessoas nas ruas já começam a apontar a direção correta. Porém, antes de chegar a esse ponto, acabamos passando por algumas dificuldades.

Um colega foi atender um local cuja referência geográfica repassada pelos isoladores era a escola de treinamento de um conhecido jogador de futebol aqui do sul. Não sei por que motivo, o motorista da equipe entendeu que a referência era a casa do dito jogador, que ficava em um lugar completamente oposto ao da ocorrência. Este poderia ser apenas mais um caso de falha na localização de um endereço se não fosse por um pequeno detalhe: no local errado também havia um cadáver, isolado por outros agentes de segurança. Era uma época em que a segurança pública enfrentava crises alarmantes com índices astronômicos de homicídios e latrocínios e guerras entre facções criminosas que rendiam um corpo esquartejado por semana. Por este motivo, encontrar um cadáver em um endereço errado não era muito estranho.

Quando precisávamos confiar apenas em instruções orais para encontrar o local a ser examinado, sabíamos que estaríamos sempre expostos a riscos desnecessários. Mesmo atualmente, com serviços de localização mais aprimorados, corremos riscos somente por estarmos dentro de viaturas.

Sempre lembrando que qualquer viatura de um serviço público é, aos olhos da população, um representante do Estado. Por esse motivo, durante deslocamento para exames de locais, podemos ser acionados para ocorrências diversas por transeuntes. Certa vez, ao retornar de um local de homicídio, nossa viatura foi abordada por diversas pessoas que estavam no entorno de um carro. No banco do passageiro, estava um senhor de 65 anos que com suspeita de ataque cardíaco. Propusemo-nos a conduzir o indivíduo ao estabelecimento de saúde mais próximo, mesmo que fosse muito longe. Porém, fomos informados que a ambulância chegaria em breve, pois os familiares já haviam acionado o SAMU. Prestamos os primeiros atendimentos e optamos por aguardar a chegada da ambulância, pois era uma zona perigosa da cidade onde ocorriam muitos roubos e furtos. Depois da chegada do SAMU, continuamos nosso retorno para a base.

Nem todas as experiências em deslocamentos são tranquilas desta forma. Era terça-feira quando fomos acionados para um local de homicídio em uma famigerada área de violência deflagrada. Tratava-se de um bairro que a nomenclatura das ruas não era bem definida de forma que somente quem morasse ali conhecia as vias. Recebemos o histórico da solicitação e nos deslocamos para lá. As ruas eram estreitas e com iluminação pública precária. As luzes do *giroflex* refletiam na fachada das casas com portas e janelas fechadas, penetrando ocasionalmente em alguma fresta e invadindo a residência. Na beira de uma viela escura, sem pavimentação, uma pessoa fazia sinal. Apontei o indivíduo para o motorista e disse: deve ser ali. Apontamos a viatura para a entrada da viela e nem os faróis foram suficientes para permitir uma boa visualização da área. A viela se estendia por metros e se perdia na escuridão. O homem chegou na janela ao meu lado e se curvou para falar comigo:

– Ô autoridade... tem uma casa saindo fumaça de dentro dela ali embaixo – e apontava para a escuridão.

Pedi então que fosse na frente da viatura para indicar o local que iríamos prestar auxílio. Assim que ele começou a caminhar, virei para meus colegas e perguntei: "alguém está armado?" A resposta foi negativa de todos. A minha cabeça começou a viajar, imaginando que estaríamos sendo atraídos para uma emboscada por criminosos que achassem que pudéssemos estar transportando drogas e armas de algum lugar examinado anteriormente. Mal terminei meus pensamentos quando uma mulher surgiu da escuridão e foi em direção ao homem que nos guiava. Eles iniciaram uma conversa aparentemente um pouco acalorada e nós, dentro da viatura, estávamos sem saber nada, pois não conseguíamos ouvir o que falavam. Depois de alguns segundos, o homem se volta para nossa direção e se abaixa novamente na nossa janela.

– Não foi nada, não. Alguém deixou uma chaleira no fogão.

Conversei com meus colegas e chegamos à conclusão que a história estava muito estranha para que pudéssemos fazer algo sem que nos expuséssemos a risco por não portarmos armamento. Decidimos que, assim que encontrássemos os agentes de segurança do local que nos aguardava, passaríamos a informação sobre o ocorrido. Voltamos para a procura do local a ser examinado até que encontramos uma outra viatura da polícia civil que estava tão perdida quanto nós. Informamos o que tinha acontecido e eles foram verificar. Constataram que nenhuma das histórias batia. Não havia nem casa naquela viela, nem sinal de fumaça. O que realmente aconteceu, nunca saberei.

Decidimos retomar a busca pelo local perdido. Entrei em contato com a central que passa as ocorrências e pedi que me informasse o telefone de contato do policial que teria nos acionado, pois ele poderia nos informar como chegar lá. Com o número em mãos, liguei do meu telefone celular só para descobrir que era o número do policial que estava nos acompanhando, tão perdido quanto nós. Problemas causados por falha de comunicação: o policial que estava no local era outro, de nome semelhante. Depois de muita procura, conseguimos encontrar o local do homicídio.

Todos servidores da perícia passam por situações semelhantes ou piores, expondo-se a riscos antes mesmo de chegar no local que vai examinar. O trajeto pode trazer várias surpresas desagradáveis e fatos inesperados que colocam nossa vida em risco. Em muitos locais, só conseguimos entrar com a escolta do policiamento ostensivo, dada a situação de violência deflagrada.

Mas a realidade é diferente em cada cidade. Creio que colegas de outras cidades mais violentas deve estar rindo destes relatos por terem passado por situações bem mais aterradoras. O mesmo posso dizer que senti quando fui acionado para trabalhar em uma cidade pequena, distante aproximadamente duzentos quilômetros de Porto Alegre. O histórico inicial que nos foi repassado dizia que um homem havia matado a esposa a facadas dentro de casa quando ela havia decidido abandoná-lo. Casos de feminicídio são comuns nas próprias residências. E a morte, muitas vezes, vem em consequência do ato da mulher colocar um fim no relacionamento que muitas vezes é abusivo. Angelita Rios e Lisieux Elaine de Borba Telles publicaram o artigo "Feminicídios seguidos de suicídio do agressor: análise de necropsias realizadas entre 2010-2016, no sul do Brasil" onde fazem uma breve análise deste fato:

> Entre as causas do complexo fenômeno homicídio-suicídio estão a ruptura da relação de domínio e o controle absoluto entre vítima/agressor e o conflito não solucionável, com consequente morte violenta da parceira ou ex-parceira. Esse movimento de ruptura é apontado como o principal fator de risco para a morte prematura da mulher e posterior suicídio do agressor, aumentando em nove vezes a chance de óbito feminino. Atitudes relacionadas com tentativas de interrupção de relacionamentos baseados em abuso físico e/ou emocional, como

a denúncia de maus-tratos, separação ou divórcio, podem resultar neste tipo de delito[39].

Nem mesmo no próprio trabalho as mulheres estão a salvo de seus agressores:

> Quando os romances fora do local de trabalho vão mal, o homem rejeitado em geral sabe onde a mulher trabalha e tem acesso a esse local. Embora isso não receba muita atenção da imprensa, as mulheres que trabalham em estabelecimentos de venda têm alto risco de serem lesadas ou assassinadas no local de trabalho. Mais mulheres do que homens trabalham no varejo, por exemplo, em lojas de conveniência[40].

Fomos orientados a ir para a delegacia de polícia encontrar os policiais civis que nos conduziriam ao local do fato, que estava sendo guarnecido por policiais militares. Além de tratar-se de local de difícil localização, segundo o delegado de polícia, era uma área de risco da cidade e o autor do crime era traficante na região. Confesso que me assustei um pouco quando vi os policiais civis pegando armas longas para nos acompanhar (eu ainda estava em meu primeiro ano na perícia). Novamente, nossa equipe estava desarmada.

Seguimos a viatura da polícia até uma área em que se acumulavam casas humildes, mas não miseráveis. O

---

[39] Rios, Angelita et al. *Feminicídios seguidos de suicídio do agressor: análise de necropsias realizadas entre 2010-2016, no sul do Brasil*. Disponível em https://www.researchgate.net/publication/339595975.

[40] Simon, Robert I. *Homens maus fazem o que homens bons sonham: um psiquiatra forense ilumina o lado obscuro do comportamento humano*. Tradução: Laís Andrade e Rafael Rodrigues Torres. Porto Alegre: Artmed, 2009, p. 121.

nervosismo passou assim que chegamos no local. Assim que eles pararam, o delegado veio na minha direção e perguntei porque havíamos parado ali, pois estava esperando um local bem pior, pelo menos semelhante àqueles em que eu já havia estado na capital. O delegado disse que já estávamos em frente à casa onde havia ocorrido o crime. No local, bem guarnecido por policiais militares, havia meia dúzia de adolescentes de braços cruzados em frente à residência. Pensei, "este é o local de alto risco de vocês?", mas não comentei nada. Era um local bem tranquilo se comparado com algumas das piores áreas de Porto Alegre, as quais, já no primeiro ano de perito criminal, havia visitado com certa frequência. Cada um com sua realidade.

ONDE A MAGIA ACONTECE

Toda cidade grande tem a sua área boêmia ou, de forma menos poética, zona de prostituição. Nestas áreas, profissionais do sexo se expõem a diversos riscos enquanto colocam seus corpos à venda. Não pretendo devanear muito sobre esta atividade, certamente poetas e escritores o fazem de forma muito melhor, mas acho interessante expor meu ponto de vista com os motivos que justificam a minha presença nestes locais. Sempre digo que conheço a pior área das cidades, pois é ali que, normalmente, concentram-se grande parte dos crimes contra a vida.

O motivo da minha ida nesta zona, como sempre, não foi nada prazeroso: mais uma pessoa havia perdido a vida. O histórico da ocorrência informava que um veículo havia passado em frente a uma boate direcionada para o público homossexual e havia efetuado tiros contra os clientes. Eu não sei como o público atual chama "boate" hoje em dia, mas até mesmo naquela época, chamar aquele lugar de boate era ser muito benevolente. Como muitos lugares que examino por decorrência do meu trabalho, era um local precário, em péssimas condições de limpeza, mal iluminado (mas creio que era por um bom motivo) e com um odor que faria um cadáver putrefato em fase gasosa parecer um comercial da Dior.

O endereço era em uma avenida movimentada daquela zona, mas havia pouca circulação de veículos, pois era madrugada. Não havia fitas de isolamento na área, o que fazia com que alguns curiosos frequentadores daquela zona se acumulassem em frente ao local. A porta de entrada do estabelecimento era, na verdade, uma porta de garagem acessada diretamente pela calçada. Sobre o acesso de entrada havia uma faixa de pano com os dizeres "Garajão do Dedé". Não havia hall de entrada, quem adentrava o estabelecimento já acessava o salão principal, que não tinha mais que trinta metros quadrados e onde havia um balcão de bar improvisado com tábuas. À esquerda havia um tablado baixo com cortinas no fundo, parecendo um pequeno palco, com uma poltrona em formato de sapato de salto alto. Eu não conseguia imaginar que tipo de performance envolveria um móvel de tamanho mau gosto.

O local imediato situava-se em frente ao balcão do bar. Havia uma extensa mancha de sangue ali, formada por acúmulo, e diversas outras alteradas por arraste. As manchas de sangue alteradas são aquelas que, depois de terem sido depositadas sobre uma superfície, sofrem ação de algum procedimento externo que altera a sua forma original. As manchas alteradas por arraste sobre um piso geralmente são causadas por indivíduos se locomovendo na área, mas também podem ser geradas por deslocamento de objetos ou corpos. Não havia cadáver no local; a vítima, que havia sido alvejada na cabeça, fora socorrida. As manchas de sangue contavam a história desta prestação de atendimento à vítima, restando poucas informações sobre o fato que havia gerado as lesões no indivíduo. Depois da análise dessa área, fui examinar a fachada. Na via pública, o trânsito de veículos fez perderem-se os elementos de munição que podia ter resultado dos tiros.

Na fachada, sobre a porta de entrada, na faixa com a identificação do nome do estabelecimento, foram constatadas diversas perfurações com características de terem sido causadas por projéteis de arma de fogo. Perguntei quem era o dono do estabelecimento e o próprio Dedé, um rapaz acima do peso e com uma camiseta polo apertada se apresentou. Perguntei se eu poderia utilizar um dos bancos do estabelecimento para alcançar as perfurações sobre a porta. Ele ofereceu até mesmo a bizarra poltrona "salto alto" que tive que recusar, pois claramente não oferecia estabilidade. Peguei um dos bancos altos do balcão e subi para verificar as perfurações e constatei que dentro de uma delas havia um projétil. Pedi que o fotógrafo o registrasse antes que eu quebrasse a parede para retirar o elemento de munição dali. O colega fotógrafo era um indivíduo alto e forte, por isso, quando subiu no banco deu uma cambaleada. Prontamente, dentre os curiosos que ali estavam, uma mulher, igualmente alta e forte, se dispôs a segurar o banco para ele:

— Deixa que eu te seguro — disse ela.

— Não precisa — respondeu o fotógrafo.

— Mas você pode cair.

— NÃO PRECISA — reiterou, de forma mais firme.

Depois que consegui observar melhor vi que se tratava de uma mulher transgênero. Depois de examinada a fachada e coletados os projéteis de dentro da parede, retornei para dentro do estabelecimento para verificar a presença de possíveis vestígios que pudessem ter sido deixados para trás. Havia uma escada de madeira, mal construída, que iniciava perto do palco, se estendia por trás do balcão do bar e conduzia através do que parecia uma abertura improvisada no teto. Perguntei para o Dedé o que tinha lá em cima, ao que ele respondeu com um sorriso malicioso:

– Lá é onde a magia acontece.

Tratava-se de local mediato e, como regra, passível de ser examinado. Dirigi-me pela escada, que não oferecia nenhuma garantia de manter-se íntegra, até acessar a área superior. O odor no piso térreo era um campo de jasmim se comparado ao daquela área superior. Era indescritível. Muitas pessoas pensam que um dos maiores problemas nos locais de morte é o cheiro do cadáver putrefato. Então, lhes digo, alguns indivíduos não precisam estar em avançado estado de putrefação para terem péssimo odor. Sem contar também que diversos fluídos corporais apresentam odor desagradável. O lugar era iluminado por uma lâmpada incandescente amarela e se resumia a um corredor com diversas divisórias na lateral que formavam cubículos fechados com cortinas. Dentro de cada cubículo havia um colchão de coloração amarelada com diversas manchas. Com essa descrição talvez seja possível sentir 1% da situação real. Agradeci aos céus que ali não havia vestígios dos autores dos disparos, os quais, provavelmente, nem entraram no estabelecimento. A coleta de vestígios naquela área seria um grande desafio.

PUTREFATOS

Quando cessa a vida do ser humano, inicia-se um processo natural de decomposição que passará por diversas fases cuja duração é muito variável devido à atuação de diversos fatores. Este processo se dá por meio de transformações químicas (na maior parte enzimáticas), atuação bacteriana e, em alguns casos, pela ação predatória de alguns animais necrofágicos. As consequências deste processo químico/bacteriano podem ser sentidas de diversas formas: visualmente, tatilmente e olfativamente. A soma destas sensações é algo difícil de descrever, mas, com o passar do tempo, os profissionais da perícia criminal acabam se acostumando. A maior parte das pessoas nunca precisará experimentar estas sensações, o que faz que estas experiências aticem a curiosidade popular.

Na grande maioria dos locais de morte que examinamos estão presentes cadáveres que ainda não iniciaram os processos de putrefação. Mesmo que o acionamento da perícia demore devido a alguns trâmites processuais, geralmente os exames se iniciam algumas horas após a ocorrência de morte; dependendo do caso, podem ser até minutos. É diferente quando se trata de necropsia, pois o Código de Processo Penal prevê que este exame ocorra somente seis horas após a morte:

> Art. 162. A autópsia será feita pelo menos seis horas depois do óbito, salvo se os peritos, pela evidência dos sinais de morte, julgarem que possa ser feta antes daquele prazo, o que declararão no auto.

O tempo definido neste artigo existe de forma a permitir que surjam os sinais mortuários para evitar que pessoas em morte aparente possam sofrer o trauma de irem parar em uma mesa de necropsia. Neste tempo, a rigidez cadavérica e as manchas de hipóstase se tornam perceptíveis. Embora a literatura médico-legal aponte que estes fenômenos possam aparecer a partir da primeira hora de morte[41], o tempo de surgimento é inconstante devido a diversas variáveis a que estão sujeitos os fenômenos cadavéricos. Lembrando que a rigidez é um fenômeno menos confiável para a cronotanatognose. Em casos em que o indivíduo realizou grandes esforços físicos antes da morte,

---

[41] A rigidez cadavérica é um fenômeno físico-químico, sobretudo químico, que se desenvolve em todos os músculos do corpo. Logo na primeira hora da morte, o músculo cardíaco é o primeiro a experimentar o fenômeno. Seguem-se o diafragma e os músculos intercostais (1 a 2h), músculos periorbitais, músculos da nuca e da mímica facial (2 a 3h), músculos cervicais, torácicos e dos membros (3 a 4h), e os demais entre 6 e 9h após a morte. Keith Simpson (1974 apud Knight, 1991) relata que o *rigor mortis* é o evento cadavérico mais conhecido, mas também o mais incerto e o menos confiável para se estimar o intervalo pós-morte. Knight assevera que é praticamente inútil a determinação do tempo de morte pelo *rigor mortis*. Ele se dá pelo desaparecimento do ATP dos músculos, pela desidratação e acúmulo de ácido láctico (Tibbett, 2010) (Franklin, Reginaldo. *Medicina Forense aplicada*. 1. ed. Rio de Janeiro: Rubio, 2018, p. 289).

como em afogamentos, a rigidez tende a ser antecipada, podendo se estabelecer completamente entre 2 a 3 horas.

Assim que estabelecido o *rigor mortis*, os membros e o pescoço ficam extremamente rígidos, dificultando sua manipulação. Retirar as vestes dos cadáveres quando estão neste estágio é uma tarefa árdua. Muitos optam por cortar as vestes, o que geralmente não é aconselhável em alguns casos, pois vestígios ali presentes podem ser perdidos. Com uma certa quantidade de repetição de movimentos do membro, a rigidez se desfaz e não retorna. A duração do rigor pode ser de 18 a 36 horas, até que comece a desaparecer aproximadamente na mesma ordem de grupos musculares em que apareceu. No entanto, há muitas exceções. A desinstalação da rigidez segue na mesma ordem em que se estabeleceu, como determinado pela lei de Nysten-Sommer: de cima para baixo. Em torno de 12 horas, o corpo volta a ficar sem rigidez.

O fim da rigidez cadavérica coincide com o início da putrefação, quando se torna visível a mancha verde que surge no quadrante inferior direito do abdome. Com o tempo, a coloração esverdeada vai se espalhando pelo corpo. À medida que a putrefação avança o cheiro vai tornando-se mais forte e perceptível. Já falei das agruras de realizar um exame necroscópico interno em um cadáver putrefato. Porém, o cheiro é perceptível mesmo sem abrir a cavidade abdominal.

Muitas vezes, pessoas que morrem sozinhas em casa são descobertas quando o processo de putrefação se inicia e o cheiro se torna perceptível a alguma distância pelos vizinhos. Os locais internos fechados com um cadáver putrefato são, geralmente, os que estão melhores isolados e preservados, pois ninguém quer permanecer no ambiente. A aparência de alguns corpos durante o processo de putrefação também pode ser assustadora para algumas pessoas: olhos e língua protrusos, feições inchadas, coloração pardo--esverdeada etc.

Não lembro exatamente quantos casos já atendi com cadáveres nestas condições, mas certamente alguns ficaram na minha memória.

Um dos primeiros locais que examinei, durante meu primeiro ano como perito criminal, foi um dos mais marcantes: um duplo putrefato. Era um dia nublado quando fomos acionados para periciar um local de suspeita de homicídio seguido de suicídio. O final de semana anterior havia registrado as temperaturas mais altas do ano. O lugar onde estavam os corpos era uma casa extremamente humilde, que media no máximo quarenta metros quadrados e era dividida em dois quartos, um banheiro e uma cozinha. Havia uma cama de casal em um dos quartos e uma cama de solteiro com temas coloridos e femininos no outro. O telhado era de fibrocimento, o que proporcionava uma temperatura extremamente alta no interior da residência. Situava-se em uma zona muito pobre, cujo acesso era feito através de vielas.

No local havia dois corpos que haviam morrido na sexta-feira anterior e encontrados quatro dias depois: um marido que matou a esposa a facadas após uma discussão sobre separação. Possivelmente tomado por arrependimento ou por outro motivo que levou para o túmulo, o homem cometeu suicídio por enforcamento. A filha do casal não estava em casa no momento das mortes, pois fora passar o final de semana com parentes. Tudo isso tornava o clima extremamente pesado, tanto pelas condições físicas como pelas emocionais. Havia sinais de luta no ambiente e o corpo da mulher estava caído em decúbito dorsal sobre o piso entre o banheiro e o quarto da filha. Havia diversas lesões perfuroincisas pelo tronco do cadáver feminino, assim como nos membros superiores, indicando que houve tentativa de defesa. O homem estava pendurado pelo pescoço através de um cabo de força de eletrodoméstico no dormitório do casal.

As transformações putrefativas dos corpos foram aceleradas pelo calor proporcionado pelo ambiente fechado e pelo tipo de telhado da edificação. Os cadáveres estavam em estágios diferentes de putrefação, o que confirma que as transformações são influenciadas por diversos fatores, como, por exemplo, o tipo de morte. A fase de putrefação do homem estava mais avançada não só por estar mais acima, próximo ao telhado, onde o ar quente se concentrava, mas também pela morte ter sido causada por enforcamento. A mulher, além de estar em um nível mais abaixo, onde o ar era menos quente, fora lesionada várias vezes, causando extenso sangramento. Há um estudo que indica que quanto maior a perda de sangue, mais lenta é a putrefação.

Existem várias razões pelas quais a perda de sangue pode afetar a progressão da decomposição. Como o sangue é principalmente um líquido (55%), a perda de fluido do corpo pode impactar os níveis de umidade do tecido. A composição bioquímica do sangue pode ter um impacto maior nos níveis de umidade do tecido do que anteriormente considerado. O sangue contém proteínas, aminoácidos, resíduos nitrogenados (produtos finais tóxicos), nutrientes (gorduras, aminoácidos, fosfolipídios, vitaminas e minerais e glicose), gases (oxigênio, dióxido de carbono e nitrogênio), bem como eletrólitos. Alguns dos componentes do sangue que podem afetar os níveis de umidade em um corpo são proteínas e eletrólitos. As proteínas plasmáticas governam o equilíbrio da água entre o sangue e o tecido, produzindo "pressão osmótica coloide". Uma redução na albumina, a proteína plasmática mais abundante, pode resultar em perda de líquido do sangue e ganho nos espaços intersticiais. Os eletrólitos no plasma contêm íons de sódio que afetam diretamente a osmolaridade (medida da concentração de soluto) do sangue. O sangue, portanto, desempenha um papel importante na hidratação dos tecidos, e a ausência de sangue no corpo pode promover a mumificação dos tecidos e retardar a coliquação[42].

De forma oposta, outro estudo aponta que a presença de lesões no corpo do cadáver pode servir como uma porta de entrada mais acessível para micro-organismos penetrarem no corpo, o que faria a putrefação ser acelerada:

> No caso de haver múltiplas lesões externas abertas, a putrefação é mais rápida, pois os micro-organismos têm acesso mais fácil ao interior do corpo.[43]

Estas contradições demonstram como a medicina legal não é uma ciência exata.

O corpo do homem apresentava-se no ápice da fase gasosa. Os olhos estavam protrusos e pareciam ter derretido

---

[42] Diane L. Cockle, Lynne S. Bell. *The impact of trauma and blood loss on human decomposition.* Scijus (2018), https://doi.org/10.1016/j.scijus.2018.12.001.

[43] Shedge, Rutwik et al. *Postmortem Changes – StatPearls.* NCBI Bookshelf. Treasure Island (FL): StatPearls Publishing; 2021 Jan.

e saído das órbitas. Esta mudança se deve não somente à putrefação, mas também a morte por enforcamento. A língua também estava protusa, fenômeno comum tanto no enforcado típico como no cadáver em fase gasosa da putrefação. Estas mudanças deixavam seu rosto com um aspecto assustador. Havia diversas flictenas no corpo, o que fazia com que houvesse destacamento da pele do cadáver. As pernas e braços estavam arqueadas devido ao processo de putrefação, fazendo com que o cadáver assumisse a chamada posição de lutador.

A mulher não aparentava ter sofrido efeitos tão acentuados da putrefação. Suas feições não estavam deformadas, apesar da coloração da pele já ter sido alterada. Notava-se que se encontrava no início da fase gasosa pelo volume estendido do abdome o que fazia com que ocorresse evisceração – saída das vísceras através das lesões presentes naquela área.

Independente de qual fase da putrefação em que estavam, era impossível fazer a diferenciação do cheiro de cada. Era possível senti-lo de fora da casa; dentro dela, o ar era praticamente irrespirável. Somado a isso a situação da miséria generalizada e a imagem de um corpo putrefato pendurado e outro caído no piso em meio a uma extensa poça de sangue fazia o cenário digno de um filme de terror *gore*.

Vários estudos apontam que as transformações putrefativas sofrem interferência do meio em que se encontram:

A faixa de temperatura ambiente ideal para a putrefação é entre 25° e 38°C. A cada aumento de 10°C, a atividade química dobra. A taxa de putrefação no verão é cerca de duas vezes maior que a taxa de putrefação no inverno. Estágios avançados de putrefação podem ser observados em 24 a 36 horas no verão. A umidade é um pré-requisito para a putrefação, pois a água é necessária para o crescimento bacteriano, processos químicos e enzimáticos. A taxa de putrefação é mais rápida em um ambiente úmido do que em um árido. Corpos mantidos ao ar livre sofrem os efeitos da putrefação de forma mais rápida do que aqueles enterrados ou na água. O 'dito de Casper'[44] afirma que um corpo se decompõe no ar duas vezes mais lentamente quando submerso em água e oito vezes mais devagar quando enterrado na terra. Corpos vestidos se decompõem mais lentamente à medida que roupas apertadas restringem o fornecimento de micróbios através dos vasos sanguíneos daquela área[45].

O trabalho de perito criminal proporciona lidarmos com casos de putrefatos em diversas situações e não só em ambientes internos como descrevi. Também atuamos em locais de putrefatos ao ar livre, na água ou enterrados e em diversos estágios.

---

[44] Normalmente, a putrefação é retardada na água pela exclusão total do ar. A máxima de Casper é que o tempo e a taxa de putrefação no ar, se denominada como 1, será 2 no caso de corpos submersos e 8 no caso de corpos enterrados em sepulturas profundas. Essa frase deve ser interpretada de modo a enfatizar um fato consagrado pelo tempo de que a taxa de putrefação é mais lenta na água e muito mais lenta em cadáveres enterrados, em vez de seguir a frase literalmente. No entanto, a putrefação é acelerada em um corpo em água contaminada com esgoto. Além disso, a presença de peixes, caranguejos ou outra fauna animal e/ou bacteriana que pode estar presente na água em particular pode destruir o tecido mole e expor os ossos em um curto período. A água também exerce sua influência no processo normal de decomposição, na forma como a epiderme é macerada por embebição líquida e eventualmente se desprende. Vij, Krishan. *Textbook of forensic medicine and toxicology*, 5. ed. Elsevier, 2011.
[45] Shedge, Rutwik. et al. *Postmortem Changes – StatPearls* – NCBI Bookshelf. Treasure Island (FL): StatPearls Publishing; 2021 Jan

Lembro que era uma quarta-feira e o plantão, como sempre, havia sido bem movimentado. A noite chegara e eu estava me preparando para jantar quando entrou uma solicitação de exame pericial em local de encontro de cadáver. O endereço indicava que era em um matagal próximo a uma rodovia; uma área de difícil acesso. Eu me perguntava quem passearia naquele lugar e naquela hora a ponto de encontrar um cadáver.

Quando chegamos na estrada de chão batido que nos levaria até a ocorrência, encontramos algumas viaturas da polícia militar. Um dos soldados que ali estava iria nos conduzir até o local dentro do mato. Perguntei se era muito longe, ao que ele respondeu: uns 50 metros. Creio que a noção de distância dele estava um pouco prejudicada, pois a trilha que percorremos em meio ao matagal tinha aproximadamente 200 metros. Porém, o percurso parecia bem mais longo devido à escuridão e aos obstáculos impostos pela natureza. Havia a necessidade de atravessar um pequeno córrego no caminho, cuja transposição foi feita através de uma ponte improvisada com o lixo que ali se encontrava: papelão, pedaços de tábuas e um colchão. Consegui atravessar com uma certa facilidade, considerando que tenho uma estatura baixa. Não teve a mesma sorte o colega fotógrafo, que era bem maior e acabou afundando a perna nas águas poluídas, até a altura da coxa.

Chegamos no local onde estava o corpo e nos deparamos com um cadáver parcialmente esqueletizado. Havia poucas partes de pele nos membros inferiores. O estado do corpo devia-se não somente ao tempo, mas também pela atuação de animais necrófagos[46]. O crânio estava totalmente exposto, revelando uma perfuração em cada têmpora. A análise do formato das perfurações no crânio pode indicar qual foi o orifício de entrada e o de saída:

> Nos ossos, sobretudo as díploes[47], como a abóbada craniana, a entrada e a saída do projétil poderão ser determinadas pelo aspecto da ferida óssea em tronco de cone (sinal de Bonnet ou cone truncado de Ponsold). A face da abóbada por onde entrou o projétil se apresenta arredondada, regular e em forma de "saca-bocado". A ferida de saída se mostra irregular, em bisel e maior que a ferida inicial. A ferida como um todo tem aparência de um cone. A base está voltada para a saída e o ápice, para a entrada[48].

Na perna direita, onde restava ainda um pouco de pele, aparentemente mumificada, havia uma tatuagem de um personagem cinematográfico. No membro superior direito havia aparelho fixador externo. Todos estes elementos contribuíram para facilitar a identificação do cadáver.

O corpo estava sobre o solo, sob galhos de árvores. O que mais me chamou atenção no caso foi que as folhas que se localizavam diretamente sobre o corpo estavam marrons

---

[46] O tipo de predação varia muito com a geografia, a estação e se o corpo está dentro ou fora de casa. Se estiver no campo, grandes predadores causarão danos imediatos e graves, sendo possível a destruição completa em pouco tempo. Em países temperados, raposas e cães formam os principais agentes, e o corpo pode ser desmembrado e espalhado por uma área ampla, especialmente se o avanço da putrefação facilitar a desarticulação. (Knight, Bernard. *Forensic Pathology*. 3 ed. Edward Arnold Publishers Ltd., 2004. p. 76).

[47] Tecido esponjoso que compõe a calota craniana.

[48] Franklin, Reginaldo. *Medicina Forense aplicada* 1. ed. Rio de Janeiro: Rubio, 2018.

e ressecadas, enquanto que folhas que estavam ao lado, no mesmo galho, se mantinham verdes. Creio que isso se deve à ação dos gases da putrefação que foram liberados do corpo e atuaram na química da planta. Em relação aos gases da putrefação, é importante salientar:

> Brouardel, perfurando o abdome dos cadáveres com trocarte e aproximando a chama de uma vela, observou:
> - no 1º dia: gases não inflamáveis
> - do 2º ao 4º dia: gases inflamáveis
> - do 5º dia em diante: gases não inflamáveis.
>
> Justificou que no 1º dia estão em atividade as bactérias aeróbias produtoras de gás carbônico. Do 2º ao 4º dia, surgem, além das bactérias aeróbias, as facultativas, de cuja ação se formam o hidrogênio e os hidrocarbonetos, de capacidade inflamável. Finalmente, do 5º dia em diante, se produzem o azoto, o hidrogênio e amônias compostas não inflamáveis[49].

Já tive oportunidade de examinar local em que o corpo do mesmo cadáver apresentava processo de putrefação em diferentes estágios, pois partes do corpo estavam em ambientes diferentes. Um cadáver estava parcialmente enterrado e com os membros superiores para fora, os quais estavam em um estágio mais avançado de putrefação.

Outro cadáver estava com a parte inferior do tronco e os membros inferiores na água e os ombros, os membros superiores e a cabeça estavam expostos ao ar livre. Ainda lembrando o "dito de Casper", a cabeça estava em estágio mais avançado de putrefação. O cadáver estava em um

---

[49] França, Genival Veloso de. Medicina Legal. 10ª edição. Rio de Janeiro: Guanabara Koogan, 2015.

local de difícil acesso, na água, na beirada de um declive íngreme. Nesses casos, geralmente contamos com o suporte dos bombeiros para fazer o resgate dos corpos. Naquela ocasião, não era possível, pois o carro dos bombeiros que havia sido designado para nos auxiliar atolou na estrada de acesso ao local. Os técnicos em perícia decidiram fazer o resgate do corpo e me propus a auxiliá-los. Amarramos uma corda no tronco do cadáver, sob os braços para poder puxá-lo. Depois de conseguir tirá-lo da água, ele se prendeu na vegetação do entorno. Desci o declive para soltá-lo, porém cometi o erro de tentar puxá-lo pelo antebraço. Acabei ficando com esse membro na mão, pois estava solto devido à putrefação.

Manusear cadáveres putrefatos é sempre um desafio devido às condições em que se encontram: a pele se destaca com facilidade e pode romper, líquidos são liberados, partes do corpo podem se desfazer e barulhos estranhos podem ser causados pela movimentação dos gases dentro do corpo. Mesmo depois de retirados do local, é possível verificar, por alguns dias, a presença da sombra cadavérica: uma mancha formada pelos tecidos liquefeitos do cadáver que fica visível na superfície em que se encontrava. Dependendo da quantidade de tecidos que foram deixados, o odor pode ser extremamente forte.

Certa vez fui designado para procurar um projétil em meio a uma massa apodrecida de um cadáver que já havia sido recolhido no dia anterior. Fiquei chafurdando em meio à vegetação impregnada de partes humanas liquefeitas durante 3 horas, sem sucesso. O cheiro de putrefação novamente tomou conta de meu corpo, entrou por minhas narinas e na boca. Tudo isso havia ocorrido no final de um plantão cansativo. O projétil nunca foi localizado e retornei para casa com sensação de frustração. Além do trabalho como perito, precisamos organizar nossa vida pessoal. Exatamente nesse dia, eu havia marcado uma mudança para um apartamento novo. Como acabei me estendendo no exame no local, me atrasei para esse compromisso. Acabou sendo um dia cheio que havia, além da mudança, da instalação elétrica, da linha de telefone e da internet. Eu havia passado o dia inteiro fedendo a cadáver putrefato e precisando lidar com todos estes compromissos sem ter como trocar de roupa. Só fui conseguir tomar banho à noite, depois de ter cumprido todas minhas tarefas. Lembro que eram 23h quando liguei o chuveiro no apartamento novo para descobrir que estava queimado. Era inverno e eu precisava muito de um banho quente. Recorri à casa dos meus pais para poder acabar aquele dia infernal.

ODORES

Já citei anteriormente que os problemas olfativos que os servidores da perícia enfrentam não são somente aqueles causados por corpos putrefatos. Um local de crime pode conter diversos tipos de odores que vão desde alimentos apodrecidos até fezes recentes.

A única vez na minha carreira (até agora) que achei que vomitaria durante um trabalho não foi em um local de cadáver putrefato, e sim com fezes humanas. A vítima e sua namorada estavam dentro de uma peça em que moravam quando um traficante armado invadiu o local. A vítima estava devendo valores de drogas compradas e não tinha como saldar a dívida. Neste caso, não há muita negociação: traficantes preferem ceifar a vida para usar como exemplo do que dar chance de recuperar uma pequena quantia financeira perdida. Tratava-se de um traficante econômico: alvejou a vítima com apenas um tiro na cabeça.

Quando chegamos no local, o cadáver estava dentro da peça que habitava: um cubículo que media cinco metros quadrados e os móveis se resumiam a um colchão e um banco de madeira. Os policiais no local nos informaram que a vítima tinha sido diagnosticada com AIDS e a namorada estava sendo mantida em custódia, pois ainda desconfiavam que ela pudesse ter participado do crime. Orientei que fizéssemos o exame residuográfico nas mãos dela o quanto antes, pois poderíamos perder os vestígios em suas mãos. Era uma jovem de 21 anos que estava em um estado deplorável. Talvez fosse até bonita, se não estivesse com a aparência tão desgraçadamente mal cuidada. Tinha olhos verdes e cabelos castanhos, mas o que mais me chamou atenção foi sua boca: havia diversas feridas em diferentes estágios de cicatrização. Enquanto fazia a coleta com *swab* em suas mãos, perguntei há quanto tempo ela era usuária de crack, pois sua aparência a denunciava. Ela respondeu que fazia uso da droga há 7 anos, o que até me surpreendeu, pois esperava que os efeitos do uso fossem até mais devastadores.

Posteriormente, direcionei-me ao local do crime e, ao adentrar o cubículo, senti um forte odor de fezes. A vítima era magra e estava vestindo apenas uma cueca. Com o relaxamento do esfíncter causado pela morte, houve uma grande liberação de fezes. Grande, muito grande. Acho que eu nunca tinha visto tanta. Arrastamos o corpo para fora do colchão e elas vazaram da cueca, deixando um rastro no chão e impregnando o corpo do cadáver. O cheiro ficou insuportável e precisei sair do cubículo por alguns instantes pois estava a ponto de vomitar. Eu não estava sozinho: a fotógrafa também me acompanhou e de certa forma, me senti bem por ter companhia nessa sensação. Os técnicos em perícia continuavam firmes; logo colocaram o cadáver dentro do saco e o levaram embora. O cadáver tinha apenas uma lesão de entrada na cabeça, o que indicava que o projétil de arma de fogo que causou esta ferida estaria ali dentro e não havia necessidade de eu procurar este elemento no local. Porém, ainda precisava procurar se havia estojo na área. A testemunha do caso disse que o agressor portava um revólver, mas já aprendi que muitas pessoas não sabem descrever bem uma arma e, às vezes, nem sabem o que é uma pistola. Tentava manter a respiração trancada enquanto examinava o local, mas não aguentava por muito tempo e precisava sair de tempos em tempos para respirar. Depois de alguns minutos procurando, me convenci que não havia estojos no local, tampouco pontos de impacto de projétil nas paredes que pudessem justificar outros tiros: o relato da namorada fechava com os vestígios do local. Acho que nunca fiquei tão aliviado em terminar um exame.

Em outra ocasião, eu fui examinar um local de homicídio em que a vítima estava dentro de uma casa de madeira. O local estava em péssimo estado de conservação e limpeza. Nos cômodos havia comida embolorada, ratos e baratas circulando e peças de roupas imundas pelo chão. Novamente, o odor era forte e difícil de identificar: eram muitas coisas fedorentas juntas. O cadáver estava em um recinto em que havia em torno de 30 garrafas plásticas em pé, contendo líquidos. Abri uma das garrafas e cheirei. Em alguns casos, quando vejo que não será perigoso, tento sentir o cheiro de substâncias que não conheço. Nos locais de crime, quando faço isso, me arrependo em 99% das vezes. No caso, as garrafas estavam cheias de urina. Era um cheiro muito forte desta excreção que me fez questionar há quanto tempo estavam ali. Imagino que fosse uma forma de evitar ter que ir até o banheiro, que era na rua, mas me pergunto por que não esvaziavam as garrafas.

Mesmo os locais abertos não estão livres de conterem odores malcheirosos. Um lugar que atendi em uma noite de carnaval era o que se assemelhava com a maioria de nossas ocorrências: um homicídio por tiros de arma de fogo, em via pública. A vítima estava caída sobre a calçada e era possível ver que havia diversas lesões de entrada de projétil na região peitoral. Nas costas do cadáver havia uma mochila adaptada nos braços. Abri para verificar o que havia dentro e o que senti foi algo indescritível. Eu não consegui identificar que cheiro vinha dali. Uma sensação horripilante que ele causava e decidi esvaziar o conteúdo da mochila sobre o passeio público. Havia somente roupas ali; nunca imaginei que vestuário pudesse cheirar tão mal. Embalei o material em saco plástico, lacrei com grampos, entreguei para o policial que guarnecia o local e o orientei que não abrisse o pacote em lugar fechado. Ele questionou o porquê, ao que respondi: "confie em mim". Voltei para viatura e avisei o motorista que já havíamos terminado os exames. Quando olhei para a viatura dos policiais, percebi que o lacre que eu havia feito não fora suficiente para conter os odores da mochila, considerando as expressões no semblante dos colegas.

MISÉRIA

Depois de tantos anos trabalhando com perícia e, consequentemente, com mortes, tragédias e violência, as pessoas se surpreendem quando digo que algumas coisas ainda me chocam, e uma delas, é a miséria humana. Grande parte dos locais que examinamos estão em áreas miseráveis das cidades. E é seguro dizer que a maior parte dos homicídios está diretamente relacionado com tráfico de drogas.

Quando me refiro à miséria humana, também não quero me limitar à pobreza material, mas também à pobreza espiritual. Talvez uma seja consequência da outra, mas existe muita gente rica de dinheiro e pobre de espírito. Visualmente, a miséria física, em um primeiro momento, é perturbadora. Saber que as pessoas vivem em determinadas condições é, no mínimo, chocante para qualquer pessoa com um mínimo de empatia. Já falei sobre os vestígios ilusórios em local de crime. Nesses locais com muita sujidade, estes tipos de vestígios são um grande problema. Foram diversos locais que examinei que apresentavam tais condições e relatar todos eles seria, de certa forma, repetitivo. Selecionei alguns que me marcaram de alguma forma.

Um homem fora encontrado morto em meio a um matagal em uma cidade da região metropolitana. Normalmente estes locais são difíceis de encontrar, pois não há endereço. E naquela época, não contávamos com as facilidades proporcionadas pelos softwares de GPS. Depois de rodarmos alguns minutos, encontramos os policiais militares que nos conduziram, em meio ao mato, ao local onde o corpo estava. Após percorrer algumas centenas de metros, entre vegetação de pequeno e médio porte, chegamos em uma área em que a mata era um pouco mais fechada. Depois de transpormos esta barreira vegetal, adentramos uma área com diversos objetos como cadeiras, mesas, colchões etc. Tratava-se de uma residência no meio do mato, sem paredes e cujo teto era mal formado pela copa das árvores. Pela disposição dos móveis podia se identificar onde ficava o dormitório, a sala, a cozinha e o banheiro. Neste havia um tonel de tinta pendurado e com diversos furos que fazia as vezes de um banheiro improvisado. O cadáver estava no "dormitório", onde a cama era coberta por lonas amarelas, como se fosse uma barraca. Ele possuía diversas lesões perfuroincisas no peito. A morte havia ocorrido há pelo menos 24 horas a julgar pelas condições da temperatura ao toque, rigidez cadavérica e livores de hipóstase, e também pela presença de algumas larvas e ovos de moscas nas narinas, na boca e nas lesões, o que era facilitado pela localização do cadáver em meio a um matagal.

Era o dia 12 de outubro quando fomos acionados para examinar um local de morte. O histórico relatava que um homem havia matado o filho de 5 anos a pauladas. Ao saberem disso, os vizinhos entraram na casa e também mataram o autor do crime. Seria o que alguns chamam de justiça social: proporcionada por uma turba enfurecida cuja sentença é quase sempre fatal. As condições da casa refletiam a miséria da situação. Era construída em alvenaria de tijolos, mas mal acabada. Havia paredes não terminadas, partes faltantes no telhado e muitas paredes sem reboco, lixo espalhado por todos os ambientes e era difícil determinar que tipo de recinto era cada um deles, considerando a decrepitude dos móveis presentes: havia colchões amarelados em todas as peças e pratos com comida embolorada em diversos lugares. Na área que parecia ser uma cozinha, onde havia um fogão, foram constatadas manchas de sangue e partes de massa encefálica. A criança havia sido socorrida, mas estes vestígios mostravam a violência do crime. O corpo do "pai" jazia em uma peça que se assemelhava a um dormitório, onde havia um roupeiro mal construído. O homem apresentava lesões que indicavam agressões com instrumento contundente pelo corpo e uma grande lesão de aspecto perfurocontuso[50] na região abdominal, à esquerda. As características da lesão indicavam que havia sido produzida por uma arma de fogo de caça, com o cano bem próximo do corpo, não permitindo que os balins se espalhassem. Certamente as lesões contusas no corpo foram causadas para contê-lo e o tiro foi dado como uma forma de execução. Uma tragédia pouco noticiada devido as condições econômicas da família.

Em outra ocasião, era próximo das 5h e faltava pouco para chegar o final do plantão quando recebemos o chamado

---

[50] Lesões perfurocontusas são aquelas causadas por instrumentos com ponta romba que agem por pressão e que penetram na pele amassando os tecidos. Os exemplos mais frequente de instrumentos que causam esta lesão são os projéteis de arma de fogo.

para examinar um lugar onde um indivíduo havia sido encontrado morto em via pública. Era sábado e havia pouco movimento nas ruas, o que nos proporcionou uma chegada rápida. O local estava isolado com fitas zebradas e os policiais militares faziam o guarnecimento. O corpo estava coberto pelo famigerado lençol branco. Retirei-o e iniciamos os exames. Tratava-se de um indivíduo de cabelos compridos e cujo rosto ostentava uma tênue e pobre maquiagem feminina. Um pouco de barba incipiente era visível no maxilar. Vestia uma calça de brim apertada e uma blusa preta. Havia uma lesão de entrada de projétil de arma de fogo próxima ao olho direito. Não havia saída atrás da cabeça. Também tenho o costume de olhar a genitália para poder referir no laudo qual sexo biológico do indivíduo, sem querer entrar em questões de ideologia de gênero. Tratava-se de um indivíduo com genitália masculina, mas que vestia-se como mulher. O local onde ele se encontrava era uma área típica de prostituição. Até o momento, não havia nada muito diferente do que eu já havia visto. Comecei a mexer nas vestes para verificar outras lesões. Quando levantei a blusa, vi que tinha um saco plástico em volta do abdome. Retirei-o e vi que o saco servia para conter as fezes de um buraco de ostomia que ele tinha no abdome. Não era o saco ideal para isso, mas imagino a miséria da pessoa para ter de recorrer a uma sacola plástica de supermercado. Porém, percebi que o buraco da ostomia estava diferente do que eu imaginava que fosse. Posteriormente mostrei as fotos para um colega que estava cursando medicina e ele comentou que aquele buraco estava evertido, voltado para fora, que o normal seria estar todo interno. Então ele levantou a hipótese de que tal orifício pudesse ser usado de uma forma sexual, através de uma penetração peniana. Tal teoria gerou uma certa angústia nos colegas que estavam presentes, mas todos concordaram que isso seria possível. Ao lidar com o lado mais perverso da humanidade no trabalho de perito criminal, sabemos que não raro teremos que lidar com pessoas cujas necessidades sexuais podem gerar algum crime devido a alguma parafilia. Segundo o DSM V (Manual de Diagnóstico e Estatística de Transtornos Mentais):

> O termo parafilia representa qualquer interesse sexual intenso e persistente que não aquele voltado para a estimulação genital ou para carícias preliminares com parceiros humanos que consentem e apresentam fenótipo normal e maturidade física. Em certas circunstâncias, o critério "intenso e persistente" pode ser de difícil aplicação, como na avaliação de pessoas muito idosas ou clinicamente doentes e que podem não ter interesses sexuais "intensos" de qualquer espécie. Nesses casos, o termo parafilia pode ser definido como qualquer interesse sexual maior ou igual a interesses sexuais normofílicos. Existem, ainda, parafilias específicas que são geralmente mais bem descritas como interesses sexuais preferenciais do que como interesses sexuais intensos. Algumas parafilias envolvem principalmente as atividades eróticas do indivíduo; outras têm a ver sobretudo com seus alvos eróticos. Exemplos das primeiras incluem interesses intensos e persistentes em espancar, chicotear, cortar, amarrar ou estrangular outra pessoa, ou um interesse por essas atividades que seja igual ou maior do que o interesse do indivíduo em copular ou em interagir de forma equivalente com outra pessoa. Exemplos das demais incluem interesse sexual intenso ou preferencial por crianças, cadáveres ou amputados (como classe), bem

como interesse intenso ou preferencial por animais, como cavalos ou cães, ou por objetos inanimados, como sapatos ou artigos de borracha.

Embora o caso que relatei seja chocante, não foi o único que tive contato em relação a distúrbios parafílicos. Fui acionado para examinar um local cujo endereço era um cemitério. Era um dia nublado, úmido e quente, que trazia uma sensação de abafamento e claustrofobia pelo céu fechado e pesado. O cemitério era composto de diversos lotes de sepulturas no solo, com lápides humildes em demarcações rústicas com tijolos. Fomos direcionados aos lugares em que ocorreu o crime. Primeiro, uma cova e um caixão abertos. A sepultura era rasa, com menos de meio metro de profundidade e o caixão, de baixa qualidade, apresentava-se com a tampa quebrada e vazio. Da sepultura era possível identificar rastros que conduziam até um pequeno matagal onde havia uma abertura entre as árvores. Adentrando o matagal por uns 20 metros foi possível encontrar o cadáver de uma senhora. Pendurado nas árvores e espalhados pelo chão havia alguns objetos típicos de cerimônias religiosas afrobrasileiras, o que notei que gerava um certo desconforto em alguns policiais. Já a papiloscopista da equipe tinha uma outra opinião sobre isso: recolheu todos esses objetos que seriam possíveis de estarem relacionados com o crime sem se preocupar com más vibrações ou alguma outra superstição. Quando nos voltamos ao cadáver, constatamos que este havia sido objeto de abuso sexual, o que caracteriza a necrofilia:

> Um dos tipos mais torpes de perversão sexual é a necrofilia. Manifesta-se pela obsessão e impulsão de

praticar atos sexuais com cadáveres. Muitos desses indivíduos chegam a penetrar nos cemitérios e violar os corpos retirados dos túmulos. Outros se satisfazem com o ato de masturbar-se diante do cadáver. Afirma Afrânio Peixoto que "o caráter comum dessas perversões é que são todas dependentes de uma degeneração psíquica, mais ou menos pronunciada, não faltando, às vezes, nem os mais grosseiros estigmas que as denunciam. Desse modo, nem sempre esses pervertidos têm uma identidade própria e são misturas de vários sintomas ou síndromes degenerativas: a necrofilia mistura-se ao sadismo, que se combina com o fetichismo, que se mescla com as topoinversões"[51].

Embora repugnante e bizarro, ainda creio que não se trata da pior das parafilias. Esse título eu atribuo à pedofilia, infelizmente um distúrbio que ocorre com maior frequência na sociedade. Ainda que eu não tenha participado diretamente de nenhum caso relacionado a este transtorno, mesmo aqueles que tive pouco contato foram marcantes e repugnantes, assim como qualquer tipo de violência contra crianças.

A miséria leva ainda as pessoas a tomarem decisões não muito inteligentes. Acompanhei indiretamente um caso de uma mulher que havia decidido tornar-se traficante. Creio que para uma pessoa chegar a uma decisão destas, não deve ter muitas outras opções agradáveis para escolher. Ou, ainda, tem os idiotas que veem algum glamour na vida do crime. Não sei se era o caso desta pessoa, mas

---

[51] França, Genival Veloso de. Medicina Legal. 10. edo. Rio de Janeiro: Guanabara Koogan, 2015.

o seu caso é digno de um *Darwin Awards*[52]. Existem várias versões do caso, mas vou repassar aquela que chegou até mim. Esta senhora, ao decidir entrar na vida do tráfico, procurou um conhecido que lhe forneceu o que chamaria de "kit de iniciante para traficante": uma arma de fogo, um colete balístico e um pouco de droga. Talvez desconfiada pela qualidade do produto, pediu para testar o colete balístico. O vendedor sugeriu então que colocasse o colete em um tronco de madeira, mas a mulher insistiu em vesti-lo, orientada, segundo ele, por uma pessoa com quem ela falava no telefone celular no momento da compra. A arma disponível era uma de pressão que foi transformada em calibre 22. O vendedor deu um tiro de curta distância que não só atravessou o colete, mas também o peito e o coração da mulher, matando-a. Para encerrar o caso, faço uma pequena diferenciação entre as distâncias do tiro:

> Autores de livros e artigos que tratam da distância do tiro apresentam, por vezes, divergências quanto à classificação dos tiros relativos à distância. No II SEMINÁRIO NACIONAL DE BALÍSTICA FORENSE, promovido pela Associação Brasileira de Criminalística, realizado de 26 a 29 de setembro de 2000, na cidade de

---

[52] Prêmios Darwin (do inglês *Darwin Awards*) são honras atribuídas de uma forma irônica, cujo nome provém de Charles Darwin, o criador da teoria da evolução. Estes prêmios são atribuídos de forma simbólica àqueles que, cometendo erros altamente absurdos, morreram ou causaram a própria esterilização. Estes prêmios baseiam-se no pressuposto de que estes indivíduos, com suas mortes ou subsequente incapacidade de procriar, contribuem para a melhoria do pool genético humano ao eliminarem os "maus" genes como possíveis pais que poderiam propagar com eles a estupidez na espécie humana. *Prêmios Darwin*. In: WIKIPÉDIA: a enciclopédia livre. [São Francisco, CA: Fundação Wikimedia], 2017. Disponível em: https://pt.wikipedia.org/wiki/Pr%C3%A9mios_Darwin. Acesso em:

João Pessoa, Estado da Paraíba, foi aprovada a seguinte recomendação técnica.

IV. Para fins de padronização de nomenclaturas e caracterização do tiro quanto à sua distância, com munição convencional, nos Laudos Periciais emitidos pelos Peritos Criminais e Peritos Médicos-Legistas.

RECOMENDAM:

Para a ferida de entrada, a adoção da seguinte classificação:

Tiro encostado

Tiro à curta distância

Tiro à distância

Tal graduação deve ser acompanhada de descrição objetiva e justificada e, sempre que possível, acompanhada de documentação fotográfica.

Tiro encostado é aquele tiro em que a boca do cano da arma se apoia no alvo, possibilitando que a lesão seja produzida pela ação do projétil e dos gases resultantes da deflagração.

Tiro à curta distância é aquele desferido contra alvo situado dentro dos limites da região espacial varrida pela ação dos gases e seus efeitos explosivos, pelos resíduos da combustão da pólvora (esfumaçamento) e pelos microprojéteis (tatuagem), expelidos pelo cano da arma.

Tiro à distância é aquele deferido contra alvo no qual, sendo alvo humano, o orifício de entrada apresentará apenas os efeitos primários, produzidos exclusivamente pelo projétil, caracterizado pela presença apenas das orlas de contusão ou orla de escoriação, de enxugo e orla ou auréola equimótica[53].

---

[53] Tochetto, Domingos (org.); Baldasso, Joseli Pérez (col.). *Balística Forense: aspectos técnicos e jurídicos*. 9. ed. Campinas, SP: Millennium, 2018.

CHURRASCO

São poucas as vezes que os peritos criminais que realizam exames em locais de crime têm contato com os autores da infração. Na maior parte dos casos que atuamos ainda não há um suspeito, o que pode ser definido após nossos exames. Aquilo que aparece no seriado *CSI,* em que o perito coleta vestígio no local de crime, analisa no laboratório e ainda interroga testemunhas é pura ficção. Embora em alguns estados, devido à precariedade do quadro de servidores, os peritos precisem atuar em diversas áreas, na maioria das vezes as funções são bem delimitadas, fazendo assim com que se tornem especialistas. Geralmente o perito que examina o local se atém somente aos vestígios ali encontrados e tudo que for coletado será analisado por outro perito que atua somente em laboratório. Em relação a interrogar testemunhas, esta é uma prerrogativa da polícia civil.

Porém, em um caso que atuei, precisei ter contato com um assassino confesso. Fomos acionados para examinar um local em uma cidade do interior onde um homem e uma mulher haviam sido mortos e os corpos queimados.

Este foi o histórico repassado, o que me fez pensar que lidaria somente com corpos carbonizados. Porém, ao chegar lá fui surpreendido pela presença do autor dos crimes no local, custodiado pelos policiais e nenhum cadáver à vista.

Era um sítio afastado da cidade em cujo terreno havia uma casa de madeira à beira de um pequeno córrego. Um lugar simpático e, aparentemente calmo, que havia sido sede de um crime bárbaro. A presença do assassino no local fez-se necessário, segundo o delegado, para indicar onde estariam os corpos, que estavam desaparecidos. Ele teria matado um casal de idosos dentro da casa "enforcados" segundo ele. Questionei o método, perguntando se ele teria pendurado as vítimas para que o acionamento do laço se desse pelo peso do corpo destas, assim caracterizando o enforcamento. Porém, notei que ele ficou um pouco confuso com a pergunta e pedi que ele demonstrasse como havia feito, ao que fez uma simulação de como se estivesse pegando alguém com seu braço no pescoço: o chamado estrangulamento antebraquial. É muito frequente ver as pessoas confundirem os três tipos de constrição cervical, por isso, farei uma pequena pausa no relato para explicá-los.

O enforcamento, já citado previamente, caracteriza-se pela constrição cervical, geralmente por laço, cujo acionamento se dá através do peso do corpo da vítima. Existem diversos estudos apontando que esta constrição é extremamente comum em suicídios e raro em homicídios ou acidentes. Se o acionamento do laço que constringe o pescoço se dá por qualquer outra força que não o peso do corpo da vítima, não se pode se falar em enforcamento. Porém, não raro este termo é usado por leigos para indicar qualquer tipo de constrição cervical.

Maior confusão se dá entre a nomenclatura do estrangulamento e da esganadura, frequentemente aplicadas de forma equivocada. Ainda há certa deficiência na literatura médico-legal em considerar outros meios de estrangulamento além daquele praticado com laço (com cassetete, por exemplo), mas está clara a distinção entre este método e a esganadura como explicam três grandes autores que cito a seguir:

> O estrangulamento é a asfixia mecânica por constrição do pescoço com laço tracionado por qualquer força que não seja o peso da própria vítima. Será também estrangulamento a asfixia mecânica por constrição do pescoço promovida pelo golpe chamado "chave de braço" ou "gravata", pé nele apoiado etc. Os antigos dividiam essa modalidade em estrangulamento por laço e estrangulamento pela mão. Da definição deduz-se, no entanto, que a espécie exige, na maior parte das vezes, a constrição do pescoço por laço acionado pela vítima (suicídio), ou, como é mais comum, por terceiros (homicídio) ou qualquer força que não o próprio peso da vítima. Assim, explica-se o desuso atual do complemento, bastando falar estrangulamento. Atualmente, o estrangulamento pela mão chama-se esganadura[54].

No estrangulamento, a morte se dá principalmente pela constrição do pescoço por um laço acionado por uma força estranha, obstruindo a passagem de ar aos pulmões, interrompendo a circulação do sangue ao encéfalo e comprimindo os nervos do pescoço. Nesse tipo de morte, ao contrário do enforcamento, o corpo da vítima atua passivamente e a força constrictiva do laço age de forma ativa. O acidente e o suicídio nesta modalidade

---

[54] Croce, Delton. *Manual de medicina legal*. 8. ed. São Paulo: Saraiva, 2012.

são mais raros. No suicídio é sempre por "torniquetes" ou outro artifício que mantenha a pressão do laço, pois o indivíduo perde a consciência. Mais comum é o estrangulamento-homicídio, principalmente quando a vítima é inferior em forças ou é tomada de surpresa[55].

É a forma de asfixia em que a constrição do pescoço é feita por meio de um laço acionado por força diversa do peso da vítima. Esse laço é formado simplesmente por qualquer material em forma de tira, fio ou faixa, mas pode, eventualmente, ser representado por meios mais complexos que empregam segmentos dos membros, com ou sem auxílio da roupa da vítima[56].

Franklin e França, em seus respectivos livros, citam ainda a questão do estrangulamento antebraquial, aquele realizado com os braços:

> Há os estrangulamentos atípicos, como o estrangulamento antebraquial (golpe de gravata). No golpe de gravata, a prega do cotovelo do agressor age na face lateral do pescoço, desencadeando, por inibição, um reflexo laríngeo pneumogástrico (reflexo de Hering), sem as fases da asfixia, com parada cardiorrespiratória imediata[57].

> A experiência demonstra que, embora em situações não tão raras, é possível o estrangulamento através da constrição do pescoço pela ação do braço e do antebraço sobre a laringe, conhecida como "golpe de gravata"[58].

[55] França, Genival Veloso de. *Medicina Legal*. 10. ed. Rio de Janeiro: Guanabara Koogan, 2015.

[56] Hércules, Hygino de Carvalho. *Medicina Legal: texto e atlas*. 2. ed. São Paulo: Ed Atheneu, 2014.

[57] Franklin, Reginaldo. *Medicina Forense aplicada* . 1. ed. Rio de Janeiro: Rubio, 2018.

[58] França, Genival Veloso de. *Medicina Legal*. 10. ed. Rio de Janeiro: Guanabara Koogan, 2015.

Encerro explicando sobre a esganadura, um tipo de constrição cervical cuja ocorrência é menos frequente em locais de morte. Embora muitas pessoas pensem o contrário – até mesmo alguns profissionais da área – a corrente majoritária na literatura médico-legal considera que a figura da esganadura ocorre somente através do uso das mãos do agressor. Isso ocorre devido às lesões típicas causadas por este "instrumento". Não raro são encontradas equimoses cujo formatos são semelhantes aos dedos do agressor além de marcas ungueais (lesões causadas por unhas). Este tipo de constrição indica que o autor possuía uma força muito superior à da vítima. É comum encontrá-la em casos de agressões infantis proporcionadas por adultos ou em agressões sexuais em mulheres. Relembrando casos de repercussão no Brasil, cabe apontar o de Isabella Nardoni, cujo laudo oficial de necropsia apontou que a vítima apresentava lesões na região cervical que, aliadas a outros vestígios no cadáver, indicavam "sinais de asfixia mecânica por constrição cervical mediante emprego de força muscular das mãos, denominada esganadura"[59].

Esganadura é a asfixia mecânica por constrição anterolateral do pescoço, impeditiva da passagem do ar atmosférico pelas vias aéreas, promovida diretamente pela mão do agente. Essencialmente homicida, requer, para sua execução, superioridade de forças, ou que a vítima não possa, por qualquer motivo, opor resistência. É comum no infanticídio, no atentado ao pudor e no estupro. A lei não reconhece validade jurídica às formas

---

[59] Laudo de Exame de Corpo de Delito nº 1081/08 do Instituto Médico-Legal de São Paulo.

suicida ou acidental. O estudo experimental da esganadura, configurando obviamente impossibilidade, torna
muito difícil precisar o tempo e os fenômenos ocorridos
neste tipo de morte; entretanto, atualmente se imputa o
êxito letal à asfixia e aos fenômenos inibitórios resultantes da compressão nervosa do pescoço, atribuindo-se à
obliteração vascular ínfima importância[60].

A esganadura é, segundo a classificação de Afrânio
Peixoto, uma asfixia mista, em que se sobrepõem os fenômenos respiratórios, circulatórios e neurais, provoca-
da por ação das mãos do agressor[61].

É a forma menos comum de constrição cervical, mas
pode ver associada a estrangulamentos. Para que se rea-
lize, é preciso que haja grande superioridade de forças
do agressor com relação à vítima. Assim, pode ocorrer
quando a vítima for uma criança, uma pessoa idosa, ou
quando for um indivíduo franzino diante de um homem
forte. Também é possível se a vítima estiver entorpecida
por alguma substância depressora, ou impedida de rea-
gir por algum outro motivo, por exemplo em coma. Se
houver mais de um agressor, a vítima pode ser subjugada
mais rapidamente. Não é possível haver esganadura suicida nem acidental. Mesmo que alguém tente apertar o
próprio pescoço com as mãos e o faça, no momento em
que houver asfixia suficiente para causar perda da consciência, a constrição cessará[62].

---

[60] Croce, Delton. *Manual de medicina legal*. 8. ed. São Paulo: Saraiva, 2012.

[61] Franklin, Reginaldo. *Medicina Forense aplicada* . 1. ed. Rio de Janeiro: Rubio, 2018.

[62] Hércules, Hygino de Carvalho. *Medicina Legal: texto e atlas*. 2. ed. São Paulo: Ed Atheneu, 2014.

Retomando a narrativa do caso, o agressor confesso, com certa frieza e naturalidade, relatou ainda que, após matar as vítimas, havia desmembrado os corpos e os queimara em uma churrasqueira de latão no pátio da casa, próximo ao córrego. Não havia muitos vestígios dentro da churrasqueira. O agressor relatou também que mesmo após passar mais de nove horas queimando os corpos, ainda havia algumas partes que não se desfizeram. Então pegou estas últimas partes e descartou nas margens de uma estrada vicinal, distante alguns quilômetros de onde estávamos. Fomos ao local indicado e constatamos a presença de alguns vestígios queimados, mas nada que pudesse ser afirmado que seria humano. Procedi a coleta dos elementos para posterior análise, sempre acompanhado sob o olhar curioso do assassino. A imagem que algumas pessoas têm de agressores assassinos pode ser bem diferente da realidade. Neste caso, o autor do crime passaria tranquilamente por uma pessoa normal, considerando seus cabelos brancos e olhar tranquilo.

TATUAGENS

O uso da tatuagem acompanha o ser humano há milhares de anos. Diversas culturas têm o hábito de imprimir na pele desenhos com significados ou que indiquem status. Por um tempo, o uso da tatuagem na sociedade ocidental foi discriminado, sendo até mal visto, sendo considerado um indicativo de que a pessoa portadora de tal arte pertencesse a um determinado grupo de baixo nível social. Embora em alguns estratos sociais a tatuagem ainda seja vista com certa restrição, há menos preconceito que antigamente. Ainda que o fator da aparência seja fundamental, na maioria das vezes, a escolha da tatuagem é justificada pela existência de algum significado pessoal.

Quando trazemos este assunto para a área criminal, há estudos que apontam uma padronização em algumas tatuagens. Porém, os significados mudam com o tempo, o que torna desatualizadas algumas interpretações.

Não quero que considerem como julgamento de valor, mas é extremamente comum que as vítimas de homicídio ligadas a disputas dentro do tráfico de drogas possuam diversas tatuagens. Embora a descrição e a localização desta arte dérmica seja de responsabilidade do perito médico-legista, eu sempre gostei de citá-las em meus laudos e, quando acho relevante, analisar o possível significado, baseado no que já foi publicado.

Os tipos mudam com o tempo. Em determinada época, as frases tatuadas mais frequentemente vistas neste tipo de vítima de homicídio eram "Amor só de Mãe", "Vida Loka" e "Somente Deus pode me julgar" com algumas variações nas palavras.

Em relação às imagens, já foi muito comum encontrar desenhos que os associavam a determinadas facções criminosas como carpas, entre outros.

Tema religiosos como crucifixos, santos e demônios também aparecem com frequência, assim como artigos do código penal referente a crimes: 121[63] e 157[64] são os mais frequentes. Um dos primeiros locais que atendi no meu início de carreira, quando ainda estava em treinamento, foi quase uma aula de tatuagens. Muitas eram antigas, mas cujo significado ainda era validado pelos estudos publicados. Havia desenho de caveira, palhaço, demônio, crucifixos e artigos do código penal. A péssima qualidade dos desenhos e das cores dava um tom ainda mais macabro à vítima. Havia até uma tatuagem cujo significado era para "manter o corpo fechado e proteger o portador". Não deu muito certo.

---

[63] Homicídio simples. Art. 121. Matar alguém.

[64] Roubo. Art. 157. Subtrair coisa móvel alheia, para si ou para outrem, mediante grave ameaça ou violência a pessoa, ou depois de havê-la, por qualquer meio, reduzido à impossibilidade de resistência.

Facilmente são identificadas aquelas que são feitas em péssimas condições e com material improvisado: as chamadas "tatuagens de cadeia". Não raro vemos tatuagens bem sofisticadas que acabam estragadas por lesões causadas por projéteis de arma de fogo ou por arma branca.

Em casos de cadáveres não identificados no local por não possuírem um documento de identidade ou por apresentarem alguma lesão que dificulte o reconhecimento (decapitação, por exemplo), as tatuagens podem servir como elementos identificadores. Foi uma tatuagem que solucionou uma dúvida que tive no início de carreira.

Fui examinar um local de latrocínio e o cadáver era muito parecido com um tio meu. Logo que coloquei os olhos nele, levei um choque. Ele estava caído na via pública, com muitas manchas de sangue. Confesso que paralisei por alguns minutos e não sabia o que fazer. A questão não era somente emocional, mas também jurídica. Para esclarecer, os peritos criminais estão sujeitos às mesmas regras de impedimento e suspeição dos juízes:

Art. 252, CPP. O juiz não poderá exercer jurisdição no processo em que:

I – tiver funcionado seu cônjuge ou parente, consanguíneo ou afim, em linha reta ou colateral até o terceiro grau, inclusive, como defensor ou advogado, órgão do Ministério Público, autoridade policial, auxiliar da justiça ou perito;

II – ele próprio houver desempenhado qualquer dessas funções ou servido como testemunha;

III – tiver funcionado como juiz de outra instância, pronunciando-se, de fato ou de direito, sobre a questão;

IV – ele próprio ou seu cônjuge ou parente, consanguíneo ou afim em linha reta ou colateral até o terceiro grau, inclusive, for parte ou diretamente interessado no feito.

Art. 254, CPP. O juiz dar-se-á por suspeito, e, se não o fizer, poderá ser recusado por qualquer das partes:
I – se for amigo íntimo ou inimigo capital de qualquer deles;
II – se ele, seu cônjuge, ascendente ou descendente, estiver respondendo a processo por fato análogo, sobre cujo caráter criminoso haja controvérsia;
III – se ele, seu cônjuge, ou parente, consanguíneo ou afim, até o terceiro grau, inclusive, sustentar demanda ou responder a processo que tenha de ser julgado por qualquer das partes;
IV – se tiver aconselhado qualquer das partes;
V – se for credor ou devedor, tutor ou curador, de qualquer das partes;
VI – se for sócio, acionista ou administrador de sociedade interessada no processo.

Caso a vítima fosse realmente meu tio, eu teria que acionar outro colega para atuar em meu lugar. Além do impedimento jurídico, não creio que eu teria condições de proceder de forma correta a análise do local. Pensei em pegar o celular e ligar para ele, para tirar a dúvida. Mas imaginei o celular tocando no bolso do cadáver e aquilo me deu um calafrio. Lembrei que meu tio possuía uma tatuagem de escorpião na perna direita. Pedi para o colega técnico verificar aquilo enquanto eu conversava com o delegado a respeito das primeiras informações do local.

Felizmente o colega confirmou que não havia nenhuma tatuagem daquele tipo na perna. Pude respirar aliviado e prosseguir com meu trabalho.

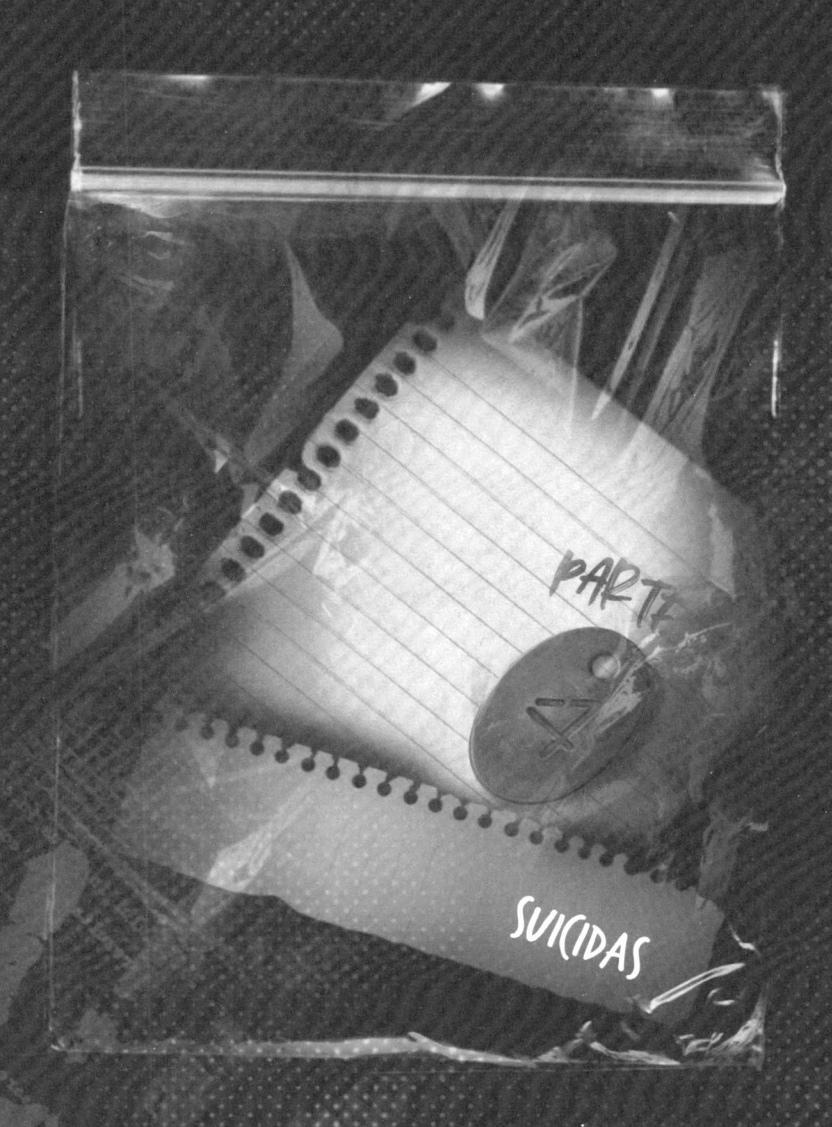

PARTE 4

SUICIDAS

INTRODUÇÃO

Se você chegou até aqui com tranquilidade, sem nenhum trauma, parabéns. Talvez possa ter até achado graça em alguns dos casos que relatei. Porém, gostaria de avisar vocês que, a partir deste momento, o assunto fica um pouco mais pesado. Falar sobre suicídio nunca é fácil, algumas pessoas consideram um tabu e preferem não abordar o assunto com medo que isso incentive novos casos. De minha parte, lidar com suicídio tornou-se comum, pois são locais que frequentemente somos chamados para examinar. Mas isso não me torna um especialista em questões relativas à prevenção ou tratamento de suicidas. Meu conhecimento, baseado nos locais que examinei e nos livros e artigos que estudei, se restringe a fazer a diagnose diferencial: determinar se aquela morte violenta foi homicídio, suicídio ou acidente. Mas existem diversos elementos que são constatados nos exames periciais que podem ser utilizados em análises voltadas à prevenção.

Caso você esteja pensando que estes relatos possam lhe afetar de alguma forma, sugiro largar este livro imediatamente.

Logo nos primeiros anos de atuação em local de morte percebi que a quantidade de suicídios era alta, o que atraiu minha atenção para o assunto. Desde então, comecei a coletar informações variadas sobre o tema, desde artigos até livros, de forma que me inspirei a escrever um livro sobre exame pericial em local de suicídio. Não é um assunto fácil de ser abordado e não vou me ater a aspectos técnicos aqui, deixarei isso para o outro livro. Falarei brevemente apenas sobre alguns aspectos profissionais e sociais que permeiam o assunto.

As pessoas perguntam por que existe exame pericial em casos de suicídio, já que no Brasil, atualmente, não se configura crime. Para isso, é preciso entender que todo ato infracional se torna crime somente após o exame pericial. Quando uma pessoa é encontrada morta seja na rua ou em um local fechado, normalmente há um procedimento a ser seguido. Em grande parte dos casos, a população aciona a polícia militar, que é a polícia ostensiva que, de forma geral, está mais próxima da população. Os agentes da polícia militar podem acionar a polícia civil, que é a instituição responsável pela investigação, quando se suspeita que tenha ocorrido um crime e ela, por sua vez, aciona a perícia criminal para confirmar ou não a existência de uma infração criminal. Este é o procedimento teórico, mas, na prática, podem ocorrer algumas falhas no percurso processual. Ainda que a legislação obrigue o exame pericial em crimes que deixam vestígios[65], existem casos de mortes suspeitas em que a perícia criminal não foi acionada para examinar

---

[65] Art. 158 CPP. Quando a infração deixar vestígios, será indispensável o exame de corpo de delito, direto ou indireto, não podendo supri-lo a confissão do acusado.

o local por diversos motivos: a vítima foi socorrida, o local foi desfeito etc. Também pode ocorrer a ausência da autoridade policial no local, devido à precariedade do quadro policial, o que ocorre com frequência no país. A presença do delegado de polícia ou de seu representante legal e jurídico é importante para fazer a formulação de quesitos a serem respondidos pelo exame pericial de forma a melhor conduzir a investigação.

Após constatado que aquela morte suspeita se trata de um crime, dar-se-á início ao processo investigativo pela polícia judiciária que poderão originar novos exames periciais. Quando é constatado que trata-se de um suicídio, pode-se iniciar um processo investigativo de modo a descobrir se houve indução por uma terceira pessoa, o que indicaria a ocorrência de um crime a ser investigado[66].

Comecei a desenvolver uma curiosidade pelos casos de suicídio, não me contentando apenas ao exame do local. Eu tenho necessidade de saber o que levou aquela pessoa a cometer aquele ato. O mesmo acontece com familiares, os quais, muitas vezes, não conseguem aceitar o suicídio de um familiar ou de alguém próximo. Percebi que as pessoas entendem que aceitar que um parente se matou seria aceitar que podem ter falhado em algum momento, que poderiam ter salvo aquela pessoa. Porém, nestes anos todos atuando na área pericial e estudando diversos casos de suicídio, entendi que por mais esforços que familiares e amigos façam, alguns indivíduos não querem ser salvos.

---

[66] Art. 122. Induzir ou instigar alguém a suicidar-se ou a praticar automutilação ou prestar-lhe auxílio material para que o faça: Pena – reclusão, de 6 (seis) meses a 2 (dois) anos.

Não raro tento procurar sobre a vítima em redes sociais de forma a tentar fazer um rascunho de perfil, mas nada que chegue perto de uma autópsia psicológica:

> Este tipo de avaliação tem possibilitado identificar pistas diretas ou indiretas relacionadas ao comportamento letal que estava por ocorrer, esclarecendo a intenção e o papel do falecido em relação à sua própria morte. Através do método que se convencionou chamar de "autópsia psicológica", expressão cunhada por Shneidman no final dos anos 1950, pode-se compreender os aspectos psicológicos envolvidos em uma morte específica. A autópsia psicológica nasce como um procedimento para assessorar médicos forenses a classificar com maior precisão o registro de suicídio (ato de se matar intencionalmente) no certificado de óbito[67].

A simples procura em mecanismos de busca da internet ou em redes sociais pode auxiliar na compreensão de alguns casos. Com a evolução da tecnologia, tem-se tornado frequentes as pessoas fazerem feito seu último desabafo através de meios eletrônicos (e-mail, redes sociais, aplicativos de mensagens) em vez de deixar um bilhete de despedida manuscrito no local. Há vários relatos de despedidas postados em textos no *Facebook* ou em vídeos no *Instagram*. Estas redes sociais têm desenvolvido, nos últimos anos, formas de prevenir que determinados conteúdos sejam replicados, às custas da sanidade mental de seus funcionários:

---

[67] Werlang, Blanca S. G. *Autópsia Psicológica, importante estratégia de avaliação retrospectiva*. Ciência & Saúde Coletiva, 17(8):1955-1962, 2012.

Grupo de amigos incendeia cachorro de rua com isqueiro. Adolescentes são forçados a fazer sexo oral mútuo em acerto de contas do tráfico. Menina com lâmina de barbear anuncia suicídio em vídeo ao vivo. Recémnascido é espancado por parente no berço. Vaca é despedaçada viva em moedor gigante de madeira.

Tudo o que há de pior no Facebook durante oito horas diárias, de segunda a sexta-feira, em troca de um salário mínimo. O brasileiro Sérgio, que pede para não ser identificado, viveu esta rotina por quase um ano, até abandonar o emprego de revisor de denúncias sobre violência e ódio em português na rede social – e se tornar uma pessoa mais "fria e insensível" na vida offline.

"Eu via vídeos ao vivo para checar se alguém se mataria", diz ele, cuja função era decidir o mais rápido possível se publicações agressivas eram toleráveis ou passavam dos limites estabelecidos pelo Facebook[68].

Pode ser chocante, mas isso é apenas um reflexo da realidade com que nós, peritos criminais e demais servidores da segurança pública, temos que lidar diariamente.

Uma mulher postou toda sua despedida e suas motivações para o suicídio em um longo texto colocado em seu perfil pessoal no Facebook. Dentre as motivações, a frustração pelos móveis planejados não terem saído como queria. Para quem vê de fora, isso pode parecer banal, mas não sabe que peso cada acontecimento tem na decisão de autoeliminação. Em sua despedida, ela aborda o assunto:

---

[68] Senra, Ricardo. 'Checava se alguém se mataria ao vivo': a rotina do brasileiro que moderava posts denunciados no Facebook. *In:* BBC News Brasil. Washington, 8 nov 2017. Disponível em: https://www.bbc.com/portuguese/geral-41912670. Acesso em: 21 set. 2021.

Mas infelizmente esse projeto arquitetônico acabou comigo, não tenho vontade de mais nada, já não como direito, eu só sei chorar e chorar. Para uns isso pode parecer bobagem, mas pra mim não é, tanto que estou aflita desde o dia em que montaram os móveis e só hoje estou tendo coragem de fazer o que eu estava planejando desde aquele momento, quem me conhece sabe que eu sou parceria e alto astral, estou sempre disposta a ajudar a todos e sempre procuro me conectar com pessoas de vibe positiva, mas agora literalmente estou no fundo do poço, estou partindo dessa para uma melhor, pois sei que Deus está me esperando de braços abertos, essa dor que estou sentindo eu não queria que ninguém sentisse![69]

Um homem postou vídeos no *Instagram* momentos antes de pular de uma ponte, relatando seus problemas no relacionamento anterior. O vídeo foi retirado do aplicativo, mas não sem antes diversas pessoas baixarem e compartilharem por aplicativos de mensagens em grupo. Mesmo que as corporações de redes sociais elaborem algoritmos para inibir o compartilhamento de tais conteúdos, acaba esbarrando em um grande problema: a mórbida curiosidade humana. Todo mundo adora admirar um desastre alheio.

Relatarei alguns casos sobre esta temática enquanto faço algumas considerações pertinentes.

---

[69] Trecho extraído, sem qualquer alteração, do site do Diário da Manhã. Silva, Welliton Carlos da. Parentes acham inacreditável suicídio de jovem por causa de arquiteta. In: Diário da Manhã. Goiânia, 2017. Disponível em: https://www.dm.com.br/cotidiano/2017/08/parentes-acham-inacreditavel-suicidio-de-jovem-por-causa-de--arquiteta. Acesso em: 21 set. 2021.

CARTAS

Conforme comentei anteriormente, a presença de bilhetes escritos de suicídio tem diminuído conforme avançam as tecnologias de comunicação e relacionamento interpessoais. Mesmo antes da aurora das redes sociais, a presença de bilhetes de suicídio era muito rara: menos de 30% dos suicidas deixavam um relato escrito. Confesso que esta descoberta me frustrou um pouco pois, influenciado por livros e filmes, tinha plena convicção de que a maioria dos suicidas fazia uso deste recurso. A primeira vez que me dei conta disso foi logo no meu primeiro ano como perito criminal.

Fomos acionados para examinar um local de suicídio por enforcamento que fora desfeito. Houve tentativa de socorro e por isso, a vítima havia sido retirada da forca. O corpo jazia sobre o solo do pátio da residência, sob uma árvore. Ao lado do cadáver, que estava coberto por um lençol, havia um banco e uma corda. A análise do sulco no pescoço, de marcas no galho da árvore e de uma pequena mancha de sangue no nariz, dentre outros vestígios, foi suficiente para confirmar a hipótese de suicídio por enforcamento.

Após examinar o local imediato (o pátio onde estava o cadáver), voltei-me para a humilde residência construída em madeira. Dentro dela, estava o marido, muito transtornado. Examinei o quarto onde a sua esposa dormia e indaguei o marido se ela havia deixado algum bilhete de despedida, pois ainda tinha em mente a equivocada ideia sobre tal artifício. Sua resposta foi marcante e a partir daí comecei a analisar melhor o assunto:

– Não, ela não deixou nada. Ela mal sabia escrever.

Foi então que percebi que dentre os fatores ligados à possibilidade ou não do suicida deixar um bilhete de despedida estão fatores educacionais assim como fatores socioeconômicos. Quanto maior o grau de instrução, maior a probabilidade de uma pessoa deixar uma "explicação" ou uma despedida de alguma forma. Assim como quanto maior o grau econômico, maior a probabilidade de a pessoa deixar um "balanço" de suas propriedades e economias. Para exemplificar, vou citar quatro casos em que não atuei, mas, de alguma forma, tive algum contato:

a) Um indivíduo suicida-se com um tiro no peito, em sua casa de luxo com diversos carros na garagem. No quarto em que cometeu o ato, havia um computador ligado onde estava aberta uma apresentação em *Power-Point* com sua despedida e instruções para o enterro.

b) Um indivíduo suicida-se com um tiro na cabeça na sala de seu apartamento de luxo. Sobre a mesa, havia diversos papéis com escritos à mão com instruções detalhadas do que fazer com seus bens e seu dinheiro na conta.

c) Uma senhora enforca-se na sua cozinha e é encontrada alguns dias depois, já na fase gasosa. Sobre a mesa da cozinha, havia diversos alimentos como biscoitos e salgadinhos junto de um bilhete, indicando para qual neto iria cada uma das guloseimas.

d) Um jovem poeta cai da janela de seu apartamento. Na sala e nos quartos, vários livros, assim como diversos bilhetes escritos de próprio punho de tamanhos diversos e assuntos não relacionados à sua morte. Não foi encontrado bilhete de despedida no local. Seu livro póstumo foi publicado pela sua mãe.

Nos casos A e B era clara a situação econômica dos indivíduos pela residência que habitavam, em bairros de classe alta da cidade. No caso C, não se tratava de uma pessoa com posses materiais, mas presumo que fosse uma pessoa que em algum momento era dotada de posses sentimentais, como uma família que ela amava. Porém, a leitura que faço do caso é que essa posse sentimental tenha ocorrido há tempo, pois seu corpo foi localizado dias após a morte, o que indica que sua família demorou para sentir sua falta. Sabe-se que o suicídio é um fenômeno multifatorial, em que vários elementos pesam no momento em que a pessoa decide pela autoeliminação. Nos exames de local de suicídio, muitas vezes conseguimos descobrir esses fatores, principalmente o último e, talvez, mais importante.

No caso D, a conclusão foi de suicídio, porém, é um caso que até hoje não saiu da minha cabeça. Era um indivíduo que tinha o perfil mais apropriado a deixar um bilhete ou algo escrito, dada sua vocação de poeta/escritor. A falta deste elemento no local realmente me incomodou.

Em alguns casos, o bilhete de despedida conta alguns detalhes que o deixam mais marcante. Uma mulher cometeu suicídio após ingerir diversos medicamentos e amarrado um saco plástico na cabeça. Antes, havia rasgado diversas fotografias em que aparecia com um homem e deixado um bilhete escrito com sangue com os dizeres em letras garrafais: "A CULPA É TUA". Também foram encontrados vários diários cujo teor das escrituras indicava alto sofrimento psicológico. Seu corpo fora descoberto em torno de cinco a sete dias após a morte, durante a transição da fase cromática para a fase gasosa.

Não raro, nas cartas de despedida, entre as explicações para cometer o ato, são apontados aqueles que, segundo o suicida, seriam responsáveis pela decisão. Meu amigo de longa data, psiquiatra Fernando Matos Ribeiro Silva, comentou, certa vez, que existem muitos suicídios mais relacionados à agressão em vez de depressão. A agressão pode ser voltada a si mesmo, ou à pessoa que o suicida acha que o prejudicou.

Algo semelhante ocorreu na carta de despedida deixada por uma mulher no *Facebook*, citado anteriormente. Neste caso, ela direcionou sua frustração para a responsável pelo projeto arquitetônico.

Há aqueles que discorrem longamente em suas cartas de despedida. Em casos assim, é possível perceber uma alteração na caligrafia que traduz a alteração do estado psicológico do suicida à medida que se aproxima do fim do bilhete e também do fim da vida. No início, as palavras ficam dentro das linhas da folha, no final, são garranchos que perdem o alinhamento.

Certa vez, o cadáver enforcado se situava no pátio externo de sua residência. Pedi aos outros moradores para examinar o quarto em que o indivíduo vivia. Sobre a escrivaninha havia uma caneta azul sem tampa. Sob este móvel havia um cesto de lixo onde encontrei fragmentos de uma carta de despedida que havia sido desfeita em diversos pedaços. Com um pouco de paciência consegui montar as 3 folhas com escritos onde a vítima explicava seus motivos.

Em outros casos, os bilhetes são extremamente sucintos, com poucas frases, a maior parte delas pedindo perdão e muitas vezes sem nenhuma explicação. Frases como "eu cansei" e "eu não aguento mais" são comuns.

A depressão muda a maneira como você se move, dorme e interage com as pessoas ao seu redor, entre outras coisas. É até perceptível na maneira como você fala e se expressa por escrito.

Estudo publicado na *Clinical Psychological Science* revela uma classe de palavras que podem ajudar a prever se alguém está sofrendo de depressão[70].

Tradicionalmente, linguistas fazem esta pesquisa. Porém, métodos computadorizados têm sido utilizados, o que permite análise de enormes bancos de dados em questão de minutos.

Escritas pessoais e anotações em diário de pessoas deprimidas têm sido úteis, assim como o trabalho de artistas conhecidos como Sylvia Plath e Kurt Cobain, que se mataram após sofrer de depressão.

A linguagem pode ser separada em dois componentes: conteúdo e estilo.

[70] Al-Mosaiwi, M., & Johnstone, T.. *In an absolute state: Elevated use of absolutist words is a marker specific to anxiety, depression, and suicidal ideation.* Clinical Psychological Science, 6, 529–542. doi:10.1177/2167702617747074, 2018.

O conteúdo está relacionado ao significado ou o assunto do texto. Depressivos usam uma quantidade excessiva de palavras que transmitem emoções, adjetivos e advérbios especificamente negativos – como "solitário", "triste" ou "infeliz". Porém, a análise dos pronomes é mais reveladora.

Aqueles com sintomas de depressão usam significativamente mais pronomes singulares na primeira pessoa ("eu", "me" e "mim") e significativamente menos pronomes na segunda e terceira pessoa ("eles", "ele" ou "ela"), o que sugere que estão mais focadas em si mesmas e menos conectadas com as outras.

Pensamento excessivo nos problemas pessoais e o isolamento social são características comuns da depressão. No entanto, não se sabe se essas descobertas refletem diferenças de atenção ou estilo de pensamento. A depressão faz as pessoas se concentrarem em si mesmas ou as pessoas que se concentram em si mesmas ficam deprimidas?

O estilo da linguagem pode revelar mais sobre a depressão do que o conteúdo. Palavras que transmitem magnitudes absolutas ou probabilidades, como "sempre", "nada" ou "completamente" foram mais encontradas em fóruns de saúde mental do que pronomes ou palavras de emoções negativas.

Compreender a linguagem da depressão pode nos ajudar a entender a maneira como pensam aqueles com sintomas de depressão, mas também tem implicações práticas.

Tais características podem estar muito presentes em bilhetes de despedida de suicidas.

A alta frequência da ausência de bilhetes pode reforçar a necessidade de analisar os vestígios psicológicos (ou psíquicos) presentes no local, os quais serão abordados a seguir.

VESTÍGIOS PSICOLÓGICOS

Em alguns casos, não há uma manifestação escrita deixada pelo suicida no local. Assim, dentre outros vestígios, o perito pode se valer da interpretação do que chamamos de vestígios psicológicos, os quais podem ajudar na conclusão. Lembrando que, para fins de investigação policial, o que importa é saber, principalmente, se trata-se de um suicídio ou homicídio.

Um colega examinou um local onde um homem cometeu suicídio por estrangulamento vestindo uma camiseta com os dizeres: "Who is in charge now?" (quem está no comando agora?). Será que esta camiseta foi a sua escolha para o ato final? Um recado para quem o encontrasse, avisando que ele estava no comando de sua própria vida e morte. Ou teria sido apenas uma coincidência? Infelizmente, algumas perguntas ficam sem respostas. Neste caso, a falta de bilhete de suicídio deixa lacunas para compreender suas motivações.

Fomos chamados para atender um possível homicídio na zona sul. Chegando lá, apesar das suspeitas dos policiais, minha primeira impressão era que se tratava de um suicídio. Mas já aprendi a não tirar conclusões precipitadas e me ater exclusivamente aos vestígios. A vítima estava dentro de um carro, com um tiro na região parietal esquerda. O vidro da janela da porta dianteira esquerda estava totalmente recolhido. O vidro da janela da porta dianteira direita apresentava uma perfuração parcial feita por um projétil com sentido de dentro para fora do veículo. O tiro havia atravessado a cabeça e impactado no vidro, repousando, posteriormente, sobre o assento do banco dianteiro direito. Considerando a altura da lesão na cabeça do cadáver e a perfuração no vidro, o percurso do projétil era horizontal, sem muita inclinação. Não havia arma no local. No braço e na mão havia diversas gotículas de sangue de alta velocidade, definidas como *backspatter*:

> O perfil de manchas de sangue impactadas provenientes deste efeito, que se classificam também como *backspatter*, nada mais são do que manchas impactadas que seguem o sentido contrário ao do impacto. Trata-se, portanto, de mais um tipo de perfil de manchas impactadas, mas que apresenta suas gotas de sangue em voo livre no sentido contrário à força empregada, sendo sua análise mais comum em situações envolvendo armas de fogo, embora possa ocorrer com qualquer outro tipo de impacto[71].

A presença de tais manchas é um forte indicativo de que a própria pessoa tenha efetuado o tiro contra sua cabeça; assim, as manchas de sangue atingiriam sua mão

---

[71] Canelas Neto, A. A. *Perfis de mancha de sangue: do local de crime à elaboração do laudo*. São Paulo: Lura Editorial, 2017.

que estaria próxima à lesão de entrada. Porém, vale lembrar, que sua ausência não é indicativo que não tenha sido uma lesão autoinfligida, pois os gases do tiro podem evitar que estas manchas alcancem a mão e a arma do atirador:

> A ausência de *backspatter* ainda pode ser compatível com a possibilidade de uma morte autoinfligida, pois os gases do disparo de arma de fogo podem impedir que estas gotas de sangue atinjam as mãos ou o cano da arma de fogo. Um estudo aponta que a presença de *backspatter* ocorre em apenas 32% dos casos de suicídio por arma de fogo[72][73].

A vítima vestia uma camiseta cuja estampa era sua fotografia ao lado de um homem fazendo sinal de positivo com o polegar. Na parte de trás desta veste havia escrito um nome masculino e um texto cujo teor remetia à saudade de um irmão falecido. Um texto semelhante estava tatuado no braço da vítima.

Eu não estava nem um pouco convencido da teoria do homicídio defendida pelos policiais. O principal argumento era que não havia arma no local, como acontece, em regra, nos casos de suicídio, conforme prega Edimar Cunico:

> Nos locais íntegros as armas são encontradas nos casos de suicídio ou acidente e pouco encontradas nos homicídios[74].

---

[72] Betz, P. et al. *Frequency of blood spatters on the shooting hand and of conjunctival petechiae following suicidal gunshots wounds to the head.* Forensic Science International 76, 1995, p. 47-53.
[73] Taylor, C. M. *The effect of firearm muzzle gases on the backspatter of blood.* Int J Legal Med (2011) 125:617-628.
[74] Cunico, Edimar. Perícias em locais de morte violenta: Criminalística e Medicina Legal. 1. ed. Curitiba, PR: Edição do autor, 2010.

Já citei que a maior parte dos suicídios ocorre dentro de casa, o que colocaria tal caso como uma exceção. E por que ocorrem dentro de casa? Pois é o local onde o suicida se sente mais confortável para atingir o seu fim. Tal conforto pode, no caso desta vítima, ser proporcionado pelo próprio carro.

Resolvi acompanhar a necropsia para ver se conseguia mais informações. Durante o exame da cabeça, constatou-se que, no entorno da lesão de entrada havia uma marca arredondada, gerada por ação térmica. Na medicina legal, esta lesão recebe o nome de sinal de Puppe-Werkgartner:

> Os tiros encostados ainda permitem deixar impresso na pele o chamado sinal de Werkgartner, representado pelo desenho da boca e da massa de mira do cano, produzido por sua ação contundente ou pelo seu aquecimento[75].

Porém, tal fato gerou um questionamento. Os livros de medicina legal geralmente ensinam que tiros encostados na cabeça geram o que se chama de câmara de mina de Hoffmann. No momento do tiro, junto do projétil saem diversas sujidades do cano e pólvora incombusta que geram as zonas de esfumaçamento e tatuagem já ensinadas. No caso de tiro encostado, estes elementos não se dispersam e vão para dentro do ferimento, dando-lhe um aspecto enegrecido, com aparência de boca de mina. Os gases do tiro encostado penetram fazendo com que a pele se revire, dando à lesão uma aparência estrelada, com bordas evertidas, que

---

[75] França, Genival Veloso de. *Medicina Legal*. 10. ed. Rio de Janeiro: Guanabara Koogan, 2015.

pode ser confundida com uma lesão de saída. Sobre a mina de Hoffmann, França sabe explicar melhor:

> Estes ferimentos, com plano ósseo logo abaixo, têm forma irregular, denteada ou com entalhes, devido à ação resultante dos gases que descolam e dilaceram os tecidos. Isso ocorre porque os gases da explosão penetram no ferimento e refluem ao encontrar a resistência do plano ósseo. É muito comum nos tiros encostados na fronte e chama-se câmara de mina de Hoffmann. A expressão melhor seria golpe de mina. Na redondeza do ferimento, nota-se crepitação gasosa da tela subcutânea proveniente da infiltração dos gases. Em geral, não há zona de tatuagem nem de esfumaçamento, pois todos os elementos da carga penetram pelo orifício da bala e, por isso, suas vertentes mostram-se enegrecidas e desgarradas, com aspecto de cratera de mina[76].

Com esta informação, como se explicaria um tiro encostado na cabeça apresentar o sinal de Puppe-Werkgartner? Para isso, é necessário ler um pouco além da orelha dos livros nacionais clássicos de medicina legal. Reginaldo Franklin explica esse fenômeno de tiro encostado e ausência câmara de mina de Hoffmann:

> Tal fato raramente se dá com a arma encostada na região temporal, pois a aponeurose e as fibras musculares absorvem e diluem os elementos secundários, reduzindo o efeito de "boca de mina". Nessa região, não há a clássica "boca de mina". Observam-se somente o sinal de

---

[76] França, Genival Veloso de. *Medicina Legal*. 10. ed. Rio de Janeiro: Guanabara Koogan, 2015.

Werkgartner e a crepitação gasosa na entrada da ferida, obstante a presença de osso subjacente. Ainda se pode constatar um halo fuliginoso ou esfumaçamento em torno da ferida óssea (sinal de Benassi ou Benassi-Cueli), que não se deixa remover facilmente por lavagem[77].

Outra possibilidade levantada por França é a hipótese de a arma ter compensador de recuo:

> As armas que apresentam compensadores de recuo alteram profundamente o formato do residuograma e deixam de apresentar os formatos habituais nos tiros encostados ou bem próximos ao alvo. Assim, por exemplo, os ferimentos em "boca de mina" nos tiros encostados não são encontrados quando as armas que os deflagram apresentam os compensadores de recuo, isso em virtude da dispersão dos gases pelos furos da extremidade distal do cano da arma[78].

Porém, armas com compensador de recuo são raras, o que me leva a acreditar que a hipótese proposta por Franklin seja a mais próxima da realidade. Mas o que a presença do sinal de Werkgartner me ajudaria na diagnose diferencial da morte. Minha teoria é que, no momento do tiro, a arma estava sendo pressionada com força contra a cabeça. Considerando-se a trajetória do projétil definida pelo alinhamento da lesão com a perfuração no vidro, concluo que a vítima estava com a cabeça ereta, forçando-a contra a arma, em comportamento típico suicida. Como

---

[77] Franklin, Reginaldo. *Medicina Forense aplicada* . 1. ed. Rio de Janeiro: Rubio, 2018.

[78] França, Genival Veloso de. *Medicina Legal*. 10. ed. Rio de Janeiro: Guanabara Koogan, 2015.

a vítima estava sentada em um carro, junto ao meio-fio, se outra pessoa estivesse pressionando a arma contra a cabeça, a trajetória do projétil de arma de fogo seria descendente, e dificilmente a vítima pressionaria a própria cabeça contra a arma, o que a faria pender para o lado, resultando nesta trajetória descendente.

Baseado em todos os vestígios analisados, eu estava convicto de que se tratava de um suicídio. O único elemento que estava contra esta teoria era a ausência da arma. Porém, como se tratava de um local aberto, em via pública, é possível que a arma tenha sido subtraído por algum transeunte. Talvez algumas pessoas se surpreendam com um indivíduo que subtraia itens de um cadáver. Pior ainda se for pensar que o item é a arma que foi responsável pela morte do dono. Mas, nesses anos todo trabalhando com perícia criminal, isso não surpreende. De fato, depois de tantos anos atuando nesta área, eu tenho medo de perder a capacidade de me surpreender.

Após acompanhar a necropsia e satisfeito com os elementos que eu havia levantado, encontrei os familiares da vítima na porta do Departamento Médico-Legal. Não costumo abordar parentes da vítima justamente para não influenciar minha análise, mas como se tratava de um caso atípico e eu já havia elaborado minha hipótese, decidi conversar com a mãe da vítima. Ela me contou que seu filho havia ficado realmente muito abalado desde a morte do irmão, há um ano, e que desde então tinha se tornado uma pessoa muito triste. Na noite do dia anterior ele havia saído de casa afirmando que iria se matar. O relato dela encontrava base nos vestígios que levantei.

Outro caso que percebi a presença de vestígios psicológicos foi durante o exame de uma mulher de trinta anos que havia cometido suicídio por enforcamento, utilizando cordas de varal na sala. Ela havia se pendurado no ventilador, que estava quase caindo, indicando um ato sem muito planejamento. Da boca, escorria um líquido de coloração transparente, mas era fácil identificar o odor alcoólico. Sobre o sofá havia um copo preenchido até a metade por um líquido amarelo com odor de cerveja. Sobre a mesa da cozinha havia um pacote de corda de varal contendo uma corda semelhante àquela utilizada no enforcamento. Sobre a mesa da sala, no mesmo ambiente em que estava o cadáver, havia medicações para tratamento de depressão, três garrafas de cerveja e uma notificação judicial informando que ela havia perdido a guarda do filho. Não precisaria de bilhete de despedida para constatar que esta última informação foi preponderante na sua decisão de autoeliminação. O uso do álcool também favoreceu o êxito fatal.

O álcool é uma droga psicoativa lícita, facilmente disponível e de baixo custo, sendo uma das substâncias mais consumidas no mundo. O consumo excessivo de álcool está intimamente ligado às mortes por suicídio, pois a embriaguez pode afetar o julgamento crítico e o autocontrole e desencadear um comportamento suicida[79]. Neste caso, é possível que se a vítima estivesse sóbria não teria tomado a decisão pela morte. Todos os vestígios analisados no local apontam que foi uma atitude impulsiva, influenciada pelo

---

[79] Gonçalves, Raphael Eduardo Marques, et al *Alcohol use by suicide victims in the city of Sao Paulo, Brazil, 2011–2015*. Journal of Forensic and Legal Medicine 53 (2018) 68–72.

estado alcoólico. Exames posteriores confirmaram que a alcoolemia era alta, mas nada que incapacitasse seus atos.

Repensando um dos primeiros locais de suicídio que examinei, vejo que havia algo relacionado a vestígios psicológicos. Obviamente, naquela época eu ainda não tinha muitos conhecimentos nessa área, mas ainda assim este vestígio chamou minha atenção. Tratava-se de um senhor com uma doença terminal que havia efetuado um tiro contra a cabeça, ajoelhado junto à cama, sobre a qual havia uma imagem impressa em um papel A4 de uma santa. Considerando que grande parte da população brasileira tem a religião católica como opção, não raro são encontrados imagens, textos e bíblias juntos de suicidas.

A medida que a experiência do perito aumenta, os vestígios psicológicos se tornam mais fáceis de serem identificados.

PRECIPITAÇÕES

Quando utilizo o termo precipitação em palestras e aulas consigo perceber certa dúvida no rosto de alguns espectadores. Talvez não estejam familiarizados com o termo, mas trata-se de um sinônimo de queda. O exame de local de precipitação ocorre em casos em que há vestígios de que um indivíduo caiu de algum lugar e foi a óbito. Não necessariamente de local alto, pois já examinei lugares em que a pessoa morreu caindo da própria altura. Mas é muito mais comum ocorrer a morte em quedas de alturas mais elevadas. Três casos me marcaram devido à elevada altitude do ponto de queda.

O primeiro deles foi logo no meu primeiro ano como perito criminal. Coincidentemente, havia ocorrido em um prédio em que eu já havia trabalhado, durante meu "interstício" da perícia criminal. Como era um prédio grande, com muitos funcionários, eu não conhecia a vítima. Ele havia se jogado do terraço que ficava no vigésimo quinto andar, aproximadamente setenta e cinco metros de altura. O corpo atingiu o piso do pátio interno com tamanha energia que, em uma parede que estava distante catorze metros, havia massa encefálica aderida. A caixa torácica praticamente explodiu, ejetando diversos órgãos a uma distância considerável. O odor de álcool era perceptível no sangue extravasado sobre o piso e nas entranhas expostas. Se o álcool pode atuar de forma a diminuir o autocontrole e fazer com que a pessoa tome decisões mais impulsivamente, ele também é utilizado por pessoas que sobriamente sabem que não teriam coragem para cometer o ato. "Coragem líquida", como disse o colega que fazia parte da equipe neste exame.

Outro caso foi bem semelhante: a altura era a mesma e os danos no corpo do indivíduo eram parecidos. Porém, em vez de cair no pátio interno de um edifício, a pessoa optou por jogar-se no passeio público no centro da cidade, em uma segunda-feira, às onze horas da manhã, durante intenso movimento de transeuntes. Creio que tenha sido pura sorte que a tragédia não tenha sido maior e ele não acertou alguém que certamente morreria também. Sempre que dou aula ou palestra sobre assunto eu comento que o cérebro do suicida não funciona da mesma forma que o de uma pessoa sadia. Em muitos casos, eles tomam decisões que podem indicar um comportamento diferente do que tinham durante o resto da vida. A profundidade do sofrimento é tamanha que, visto por outros, parece egoísmo puro. O suicida não quer tirar a vida mais do que eliminar a dor que lhe causa sofrimento. Ele não vê outra forma de acabar com sua dor senão se autoeliminando. A aflição é tão intensa que o significado de dor e vida se misturam. Como citado anteriormente, pessoas com depressão apresentam uma desconexão com o resto da sociedade. O fato de uma pessoa se jogar do vigésimo quinto andar em uma calçada onde transitam diversas pessoas pode ser um reflexo disso.

A intensidade do impacto foi tamanha que o coração saltou de dentro da caixa torácica e foi parar sobre a calçada. Era notório o politraumatismo sofrido pela vítima, traduzido em deformações que tornavam suas feições irreconhecíveis se comparadas ao documento de identidade que estava no bolso da calça, dentro de uma carteira.

A terceira precipitação foi marcante justamente por ter sido tão inusitada. Era uma sexta-feira e entrou o chamado de exame em local de queda. O perito responsável pelo atendimento era novo na seção e nunca tinha feito esse tipo de exame. Propus-me a acompanhá-lo para passar as instruções de como proceder neste tipo de local. O endereço era no centro da cidade, em uma avenida movimentada, próxima a um viaduto. O caos rodoviário era generalizado: diversos veículos enfileirados, pois parte da via pública estava interrompida. Centenas de curiosos se amontoavam no entorno do local, tentando entender o que havia acontecido. Ao chegarmos, vi, ao lado do prédio de vinte andares, uma lona preta cujas pontas eram presas por pedras e imaginei que ali estivesse o corpo da vítima. Dirigi-me ao delegado de polícia presente para receber as informações preliminares. Ele reportou que uma equipe dos bombeiros já havia sido acionada para retirar o corpo de cima do telhado do pátio do térreo do prédio ao lado. Ao saber dessa informação, questionei porque havia uma lona na calçada e ele respondeu:

– Ali está a cabeça da vítima.

– A cabeça? Como assim? O que aconteceu? – indaguei.

– Ora, é por isso que vocês estão aqui; para descobrir o que aconteceu – respondeu.

Imediatamente imaginei que a vítima havia sido decapitada e jogada pela janela. Mas, como sempre digo, nunca devemos concluir sem antes conhecer os fatos. A partir daí, fomos para os exames. Para dispersar a multidão de curiosos, optei por analisar inicialmente o local onde estava a cabeça. Ela se situava sobre o passeio público, entre um viaduto e o prédio onde estava o resto do corpo. Sobre o viaduto, diversas pessoas se acotovelavam para melhor visualizar a cena, ainda que a cabeça estivesse escondida sob a lona preta. Solicitei que os colegas da equipe erguessem a lona de modo a formar uma barreira no entorno do local para não expor a cabeça do cadáver ao público enquanto eu a examinava. Ao perceberem isso, os ocupantes da porção superior do viaduto murmuraram sonoramente, decepcionados, pois queriam ver a cabeça.

Neste momento, lembrei de um questionamento que fazem a respeito do trabalho do perito criminal de local de crime: "o perito tem que tocar no cadáver?". Não sei como todos trabalham, mas eu nunca me eximi de manipular o cadáver, considerando ainda todo meu histórico de atuação como técnico em perícias. Desta forma, segurei a cabeça com minhas mãos para tentar compreender o que havia acontecido. O surpreendente é que ela estava inteira. Havia um dano traumático na parte posterior, onde seria a nuca. Mas a face anterior estava inteira. Observei que havia uma equimose na região frontal, de coloração arroxeada. Segundo Thoinot, a equimose é uma prova irrefutável de reação vital. Considerando ainda o espectro equimótico de Legrand du Saulle, esta lesão dataria de um a três dias antes da morte da vítima:

A equimose, em geral, é vermelha no primeiro dia, violácea no segundo e no terceiro, azul do quarto ao sexto, esverdeada do sétimo ao 10°, amarelada por volta do 12° dia, desaparecendo em torno do 15° ao 20°. O valor cronológico dessas alterações é relativo. O tempo de duração e por consequência a implicação na modificação da tonalidade das equimoses variam de acordo com a quantidade e a profundidade do sangue extravasado, com a elasticidade do tecido que pode ou não facilitar a reabsorção, com a capacidade individual de coagulação, com a quantidade e o calibre dos vasos atingidos e com algumas características das vítimas como idade, sexo, estado geral etc. Por isso, este valor cronológico é relativo[80].

Novamente, relembrando a questão da multifatoriedade do suicídio, esta lesão poderia fazer parte do conjunto de elementos que levaram a vítima a cometer o ato. Porém, eu não soube do resultado da investigação. Esta falta de comunicação entre a investigação e os exames periciais é comum nos estados em que perícia criminal e policial civil são entidades separadas.

Após liberada a cabeça, voltamos nossa atenção ao corpo, que se encontrava sobre o telhado do térreo. Era necessário saber de que ponto a vítima havia caído/pulado. Considerando o local onde o corpo se encontrava, era possível determinar que o ponto de origem havia sido o corredor do prédio, porém, não sabíamos qual era o andar. Se fosse necessário, iríamos examinar todos os vinte andares para encontrar algum vestígio. Porém, nosso exame foi facilitado pela presença de câmeras que indicavam que o local era o

---

[80] França, Genival Veloso de. *Medicina Legal*. 10. ed. Rio de Janeiro: Guanabara Koogan, 2015.

vigésimo andar. Se tivesse que adivinhar começaria o trabalho por lá. No suicídio por precipitação, a vítima geralmente pula do ponto mais alto a que tem acesso. Nos deslocamos para o vigésimo andar, onde encontramos os pertences da vítima sobre um armário que estava sob uma janela aberta.

O vídeo mostrava claramente os passos da vítima. Ela chegou no andar e olhou pela janela que distava aproximadamente um metro e cinquenta do piso. A vítima percebeu que o lado da janela sobre o armário estava aberto e a fecha antes de subir no armário. Depois abre a janela e a atravessa, desaparecendo no vídeo. Ela simplesmente caminhou pela janela. O que mais me chamou atenção foi o comportamento em relação à janela. Por que motivo ela a teria fechado antes de subir no armário? Para não cair? Talvez ela não quisesse cair, e sim se jogar, o que é diferente. Cair pode indicar uma falta de intenção, parecer um acidente. Talvez ela quisesse cair em pé. Ou será que ela fechou a janela de forma instintiva, com seu instinto de autopreservação ainda funcionando. Inconscientemente, ela não queria morrer. Conscientemente, ansiava pela morte. Realizamos as fotografias e os exames necessários e nos deslocamos para onde o corpo se encontrava. Os bombeiros chegaram e iniciaram o procedimento para retirada do cadáver do telhado do terraço. Novamente era perceptível o extenso politraumatismo, que traduzia a energia que o corpo adquiriu durante a queda livre.

E como ocorreu a decapitação? Eu só consegui elaborar uma teoria. Ela deve ter caído em pé e bateu com a nuca no muro que separava o prédio da via pública, fazendo um efeito alavanca que arrancou a cabeça, jogando-a para a parte externa e o corpo caindo sobre o telhado, na parte interna.

A QUEDA

Suicídio por enforcamento é o mais comum por diversos fatores: tanto pela praticidade de utilizar uma diversidade de laços improvisados até a questão da equivocada cultura popular que se trata de uma morte instantânea criada pela imagem de execuções em cadafalso. Grande parte dos enforcamentos envolve fatores respiratórios, nervosos e circulatórios que faz com que seja uma morte agônica e não imediata como muitos pensam. Já perdi a conta de quantos suicídios por enforcamento eu examinei direta e indiretamente, mas certamente passa de 400 casos.

Muitos destes locais são desfeitos por familiares ou socorristas na tentativa de salvar a vítima. Não raro chegamos a um local que, supostamente seria de enforcamento, e o cadáver está deitado sobre o piso sem nenhuma corda no pescoço. Nestes casos, nos resta avaliar os vestígios presentes, como o sulco deixado no pescoço e quaisquer indícios que nos apontem o que realmente ocorreu no local.

Um dos principais fatores a ser analisado é o ponto de fixação do laço, ou seja, o local onde o suicida amarrou a corda ou o objeto que utilizou para se enforcar. Para fazer isso, em alguns casos, é necessário ter uma certa habilidade de escalada, pois não raro ocorre de o suicida enforcar-se em um ponto muito alto. Já peguei casos em que o ponto de fixação da corda estava em um galho a mais de quatro metros de altura. Na ânsia de querer fazer um bom trabalho, acabamos nos expondo a situações arriscadas.

Em um certo caso, fomos chamados para examinar um local de suicídio desfeito. A vítima jazia no chão, com um cinto em torno do pescoço. Na ponta final do cinto havia uma camiseta amarrada. No somatório das peças, tratava-se de um laço de aproximadamente um metro e meio de comprimento. Parte do forro do telhado estava deslocado, deixando um barrote à mostra. Minha suspeita era que a vítima havia amarrado, na viga exposta, a camiseta atada no cinto. Para isso, eu precisava olhar a viga por cima. Nem sempre contamos com escadas no local para nos auxiliar a acessar algum ponto alto. Neste caso, não era diferente. Optei por utilizar uma poltrona que havia na sala. Meu erro foi não ter observado a forma da poltrona, cujo assento não apresentava um apoio muito firme. Assim que fiquei de ponta de pés no assento, a poltrona tombou para frente fazendo com que eu caísse para trás. Era um local pequeno e acabei batendo com o joelho na porta que estava aberta, fazendo com que eu ganhasse uma escoriação e uma equimose, as quais eu via como uma medalha pelo meu esforço. Por sorte não bati a cabeça na parede que estava atrás de mim. Nenhum vestígio ficou prejudicado no local, além do meu orgulho. A minha sorte foi que o fotógrafo da equipe não viu o incidente, poupando-me de ter um registro gráfico para a posteridade.

Em outra ocasião, também com local desfeito, o desfecho foi quase trágico para a equipe. Era em uma área humilde da cidade, com ruas sem pavimentação e serviços de infraestrutura urbana precários. A residência, construída em madeira e em péssimas condições de conservação, ficava às margens de um rio. O cadáver estava em uma pequena construção, também em madeira, sobre pilotis, dentro do rio, distante aproximadamente três metros da margem. Para acessar o local imediato, era necessário usar uma ponte improvisada que desafiava as leis da física. Na margem, se acumulavam dezenas de pessoas, entre curiosos e familiares da vítima. No local, o cadáver jazia sobre o piso de madeira, coberto por um edredom e com um travesseiro sob a cabeça. Junto do corpo estava um rapaz que dizia que era filho da vítima e se dirigiu a nós aos gritos:

– Ninguém vai encostar no meu pai!

Com toda calma do mundo me aproximei e expliquei como era importante nós fazermos os exames, que eu iria me responsabilizar pessoalmente pelo seu pai e garantir que ele fosse bem cuidado. Depois de mais algumas frases de conforto, ele se acalmou, mas insistiu em ficar ali junto enquanto fazíamos os exames. Resolvi abrir uma exceção e permiti que nos acompanhasse, pois não via outra solução. Falei com o fotógrafo que faríamos as fotos e os exames no cadáver no IML, pois sabia que ali não seria possível. Ative-me aos vestígios no local e, ao que tudo indicava, havia ocorrido mesmo um suicídio. Acima do corpo, nos barrotes de suporte do telhado, havia uma corda atada cuja ponta final pendia sobre o corpo. O acesso ao ponto de fixação da corda seria possível através de uma cadeira que estava no local, que tinha vestígios de ter sido utilizada pela vítima.

Tudo parecia sob controle, até que chegaram os colegas da remoção e imediatamente se dirigiram até o corpo para recolhê-lo. Tudo aconteceu tão rápido que não tive tempo de avisá-los que era uma situação delicada. Quando percebi, o filho da vítima já estava se engalfinhando com um dos técnicos que tentava recolher o corpo. E a população na margem começou a se revoltar, dando indícios de que poderia partir para um linchamento. Em milésimos de segundos eu precisava decidir se apartava a briga ou se saía a nado daquele lugar, pois estava cercado pelas águas do rio. Por fim, tomei a decisão de que a paz era a melhor solução e, da melhor forma possível, consegui conter os dois participantes da discussão, convencendo-os de que éramos todos adultos, responsáveis e não era necessária nenhuma agressão física. Depois de algum esforço, consegui acalmar a situação e finalizamos nossa participação no local, sem ninguém sair molhado ou agredido.

EPÍLOGO

A morte sempre foi um tabu para a humanidade. Há uma infinidade de livros e artigos que tratam do assunto. Alguns tentam uma abordagem mística para tentar explicar o que há além da vida. Mas a verdade é que ninguém sabe.

Para os peritos criminais, a morte faz parte do trabalho, algo que poucas pessoas precisam necessariamente lidar, embora seja uma certeza para todos. Mas o assunto atrai curiosos e tementes.

Comparado com a morte, o interesse por assuntos criminais e policiais é mais recente. Estudiosos discutem quem teria inaugurado o gênero policial na literatura, mas muitos concordam que o título cabe a Edgar Allan Poe, que nos apresentou o detetive C. Auguste Dupin no conto *Os assassinatos da Rua Morgue*, publicado em 1841. Os leitores ficaram estarrecidos com a aplicação de suas habilidades intelectuais na solução de crimes.

O mesmo ocorreu com o surgimento do maior detetive de todos os tempos, Sherlock Holmes, criado por Arthur Conan Doyle, no livro *Um estudo em vermelho*, publicado em

1887. Na realidade, o uso dos das ciências humanas na área policial já estava, aos poucos, sendo utilizado: não era apenas na ficção que Holmes utilizava seus profundos conhecimentos em química para descobrir a composição de determinadas substâncias. Poucos anos depois, em 1893, um jurista austríaco chamado Hans Gross publica o livro *Handbuch für Untersuchungsrichter als System der Kriminalistik*[81] que contém diversos conhecimentos científicos para auxiliar magistrados e assim inaugura oficialmente a criminalística: o uso de ciências para elucidação de crimes.

Todo ser humano que faz parte do mundo civilizado atual pensa em Sherlock Holmes quando se falava em detetive: a imagem do homem com nariz adunco, de chapéu e com um cachimbo aparece de forma instantânea em nossa mente ao ouvir o nome. Embora o uso do conhecimento científico na investigação policial seja um artifício recorrentemente utilizado pelos principais autores das clássicas histórias de detetive, isso é nada além de um reflexo da realidade. O sucesso das histórias de Conan Doyle deve-se, além da genialidade e talento do autor, a curiosidade humana relacionada a assuntos como crime, ciências, violência e morte. E tais assuntos tem relação direta com perícia criminal.

É notório que a curiosidade pela área pericial teve crescimento no início dos anos 2000 com o surgimento do seriado *CSI Las Vegas,* que inicialmente era transmitido em canais pagos e posteriormente chegou até aos canais abertos. O interesse popular no tema ressurgiu com o seriado que durou mais de uma década e ganhou força com o advento das redes sociais, onde interessados no tema, curiosos e pessoas que almejam uma carreira na perícia criminal se encontraram.

---

81 Manual de instrução para magistrados como sistema de criminalística.

Em todo este tempo me dedicando à perícia criminal, seja atuando, lecionando, escrevendo ou estudando, eu consigo perceber que a curiosidade popular sobre os temas relacionados a perícia criminal se mantém constante. Porém, pouco se explora a realidade da perícia criminal no Brasil. Ainda contagiadas pelo efeito *CSI*, muitas pessoas acham que a realidade apresentada no seriado é uma constância no cotidiano brasileiro. Dentro da investigação policial nacional, a perícia criminal, muitas vezes, é considerada uma coadjuvante, mesmo que sua atuação seja fundamental para a elucidação dos crimes.

Foi pensando em trazer esta realidade que resolvi contar estas histórias de vida e morte. As agruras, as dificuldades, os dramas e até mesmo alguns momentos cômicos fazem parte de nossas vidas assim como da atividade pericial. Diferente do que vemos nos seriados e filmes não contamos com tantos recursos e nem sempre há uma solução para o caso em menos de uma hora.

Esses assuntos nunca se esgotarão; o perito criminal, sempre terá trabalho: o crime e a violência são inerentes à humanidade. Muitas histórias ainda aguardam para acontecer e serem contadas.

BIBLIOGRAFIA

Apesar de esta obra conter algumas passagens que podem ajudar na compreensão de algumas informações criminalísticas e médico-legais, recomendo fortemente, para maiores detalhes, as seguintes leituras:

Al-Mosaiwi, M., & Johnstone, T. *In an absolute state: Elevated use of absolutist words is a marker specific to anxiety, depression, and suicidal ideation.* Clinical Psychological Science, 6, 529–542. doi:10.1177/2167702617747074, 2018.

Benfica, F. S.; Vaz, M. *Medicina Legal.* 4. ed. Porto Alegre: Livraria do Advogado Editora, 2019.

Betz, P. et al. *Frequency of blood spatters on the shooting hand and of conjunctival petechiae following suicidal gunshots wounds to the head.* Forensic Science International 76, 1995, 47-53.

Canelas Neto, A. A. *Perfis de mancha de sangue: do local de crime à elaboração do laudo.* São Paulo: Lura Editorial, 2017.

Costa, Luís Renato da Silveira. *A perícia médico-legal – aplicada à área criminal.* 2. ed. Campinas, SP: Millennium Editora, 2014.

Croce, Delton. *Manual de medicina legal.* 8. ed. São Paulo: Saraiva, 2012.

Cunico, Edimar. *Perícias em locais de morte violenta: Criminalística e Medicina Legal.* 1a edição. Curitiba, PR: Edição do autor, 2010.

Diane L. Cockle, Lynne S. Bell. *The impact of trauma and blood loss on human decomposition.* Scijus, 2018, https://doi.org/10.1016/j.scijus.2018.12.001

França, Genival Veloso de. *Medicina Legal.* 10. ed. Rio de Janeiro: Guanabara Koogan, 2015.

Franklin, Reginaldo. *Medicina Forense aplicada.* 1. ed. Rio de Janeiro: Rubio, 2018.

Gonçalves, Raphael Eduardo Marques, et al. *Alcohol use by suicide victims in the city of Sao Paulo, Brazil, 2011-2015*. Journal of Forensic and Legal Medicine 53 (2018) 68-72.

Goonetilleke, U. K. D. A. *Two unusual cases of suicide by hanging*. Forensic Science International, 26 (1984) 247-253.

Gorniak, Jan M. et al. *Hanging Deaths With Bound Hands What Is the Manner?*. The American Journal of Forensic Medicine and Pathology – v. 28, n. 3, September 2007.

Hércules, Hygino de Carvalho. *Medicina Legal: texto e atlas*. 2. ed. São Paulo: Ed Atheneu, 2014.

Knight Bernard. *Changes after death*. In: Knight B. Simpson's forensic medicine. 10. ed. London: Edward Arnold, 1991.

Knight, Bernard. *Forensic Pathology*. 3. ed. Edward Arnold Publishers Ltd., 2004.

Leth, P.; Vesterby A. Forensic Science International 85 (1997) 65-71.

Rios, Angelita et al. *Feminicídios seguidos de suicídio do agressor: análise de necropsias realizadas entre 2010-2016 no sul do Brasil*. Disponível em https://www.researchgate.net/publication/339595975

Shedge, Rutwik. et al. *Postmortem Changes – StatPearls* – NCBI Bookshelf. Treasure Island (FL): StatPearls Publishing; 2021 Jan.

Silva Netto, Amílcar da Serra e. *Manual de atendimento a locais de morte violenta: Investigação pericial e policial*. Campinas, SP: Millennium Editora, 2016.

Silvino Junior, João Bosco. *Balística aplicada aos locais de crime*. 2. ed. Campinas, SP: Millennium Editora, 2018.

Simon, Robert I. *Homens maus fazem o que homens bons sonham: um psiquiatra forense ilumina o lado obscuro do comportamento humano*. Tradução de: Laís Andrade e Rafael Rodrigues Torres. Porto Alegre: Artmed, 2009.

Taylor, C. M. *The effect of firearm muzzle gases on the backspatter of blood*. Int J Legal Med (2011) 125:617-628.

Tochetto, Domingos (org.); Baldasso, Joseli Pérez (col.). *Balística Forense: aspectos técnicos e jurídicos*.9. ed. Campinas, SP: Millennium, 2018.

Vij, Krishan. *Textbook of forensic medicine and toxicology*. 5. ed. Elsevier, 2011.

Werlang, Blanca S. G. *Autópsia Psicológica, importante estratégia de avaliação retrospectiva*. Ciência & Saúde Coletiva, 17(8):1955-1962, 2012.

Zarzuela, José Lopes. *Temas fundamentais de criminalística*. Porto Alegre: Sagra DC Luzzatto, 1996.